Andreas Reinke

Das wird Schule machen

*Kein Bildungssystem kann
besser sein als seine Lehrer!*

familylab
Schriftenreihe

Andreas Reinke

Das wird Schule machen

Kein Bildungssystem kann
besser sein als seine Lehrer!

Copyright © by Andreas Reinke und
Mathias Voelchert GmbH Verlag
Korrektorat: Nuka Matthies, Berlin
Verlagsredaktion: Mathias Voelchert GmbH
Umschlaggestaltung: Mathias Voelchert GmbH & Sead Mujić
Typografische Bearbeitung und Satz: Sead Mujić
Herstellung BoD – Books on Demand, Norderstedt
Printed in Germany
ISBN 978-3-935758-60-4

Wie auch als eBook mit der ISBN 978-3-935758-61-1

Copyright für die deutsche Ausgabe 2015
© by Andreas Reinke und Mathias Voelchert GmbH Verlag,
München, edition + plus
1. Auflage 2015

Kontakt: mvg@mathias-voelchert.de
www.familylab.de

Andreas Reinke:
https://www.facebook.com/Beziehungspflege?fref=ts

Link zum Profil von Andreas Reinke bei familylab:
http://www.familylab.de/seminarleiter.asp?AjrDcmntId=1134

Inhalt

Vorwort

von Mathias Voelchert, Herausgeber

Kein Bildungssystem kann besser sein als seine Lehrer! Hier schreibt einer, der selbst vor der Klasse steht und mit all dem zu Recht kommen muss, was er kritisiert, was er fordert, was er als Vision beschreibt. Es ist leicht als Außenstehender über Schule wichtige, vielleicht auch hilfreiche Einsichten zu verkünden. Doch es ist etwas ganz anderes, als aktiver Lehrer, sich selbst zu reflektieren und einzusehen, dass ein großer Teil dessen, was ich studiert habe, nicht ausreicht, ja hindert. Dann nicht zu verzagen, sondern sich selbst weiterzubilden und jeden Morgen wieder in der Klasse zu stehen, mit allen Widersprüchen, diese Leistung bringt Andreas Reinke, in seiner täglichen Arbeit, seinen Vorträgen, Seminaren und in diesem Buch. Deshalb schätze ich seine Arbeit und habe ihn gefragt, ob er das aufschreiben kann. So kam ein fruchtbarer Prozess in Gang. Hier ist das Resultat.

Bis heute kann ich nicht verstehen, was das Schimpfen auf Schule bringen soll. Kein Konzern könnte es sich erlauben, seine Mitarbeiter so behandeln zu lassen, wie wir Lehrer behandeln. Ein deutscher Regierungschef nannte sie »faule Säcke«, ohne dafür faule Eier zu bekommen. Nein, er bekam Applaus.

Das »System Schule« und die darin arbeitenden Lehrerinnen und Lehrer sind nicht anders als die

Millionen Arbeitnehmer in der Wirtschaft. Das belegt jedes Jahr (seit 2001) das Gallup-Institut mit seinen Umfragen zur Mitarbeiterzufriedenheit in der Wirtschaft. Danach sind 2 von 10 Mitarbeitern zufrieden mit Ihrer Arbeit. 8 von 10 Mitarbeiterinnen sind unzufrieden, sehen keinen Sinn, fühlen sich nicht gut behandelt, machen Ihren Job, weil Sie Geld brauchen. Doch im Gegensatz zur Wirtschaft, *sind* wir das »System Schule«, nur wir können es verändern. Dieses Buch ist dazu ein weiterer Schritt. Von einem engagierten Praktiker geschrieben, der weiß, dass das, was er hier schreibt, bald Schule machen wird.

Es wird zu viel über schlechte und zu wenig über gute Lehrer geredet. Gute Lehrer sind begeistert von dem, was sie tun. Und gute Lehrer sind nicht perfekt. Manchmal sind sie genervt, manchmal platzt ihnen der Kragen, manchmal sind sie frustriert, manchmal sind sie ungerecht. Sie sind keine Alltagshelden, aber sie sind getragen von Leidenschaft für ihren Beruf. Diese Leidenschaft interessiert junge Menschen. Was für ein Glück für einen Schüler, einen Lehrer zu haben, der auf seiner Seite ist, der Schüler in ihrem Sosein sieht, Vertrauen gibt, so dass Schüler ihre Schwächen zeigen dürfen. Viel mehr Lerncoach, viel weniger Beurteiler. So ist der große Demotivator »Schule« zu bändigen. So bekommen Schüler keine Angst vor Schule, oder geben auf. 15 % Schulabgänger ohne Abschluss jedes Jahr. Stellen Sie sich vor, ein Autobauer würde so argumentieren: »Ach ja, 15 % unserer Autos haben mal nur 3 Räder, oder es fehlt auch schon mal das Lenkrad...« Undenkbar (nach den jüngsten Ereignissen, weiß ich gar nicht, ob ich das Beispiel noch so bringen kann) aber unserer Schule lassen wir das, jedes Jahr erneut, durchgehen. Und wir akzeptieren immer noch die dummen Ausreden: Die Schüler faul, die Lehrer ausgelaugt, die Eltern aufsässig = selbst schuld. Nein, nein, Schule kann nichts dafür! Wir glauben immer noch, wir sollten die Menschen passend machen für das System, statt umgekehrt.

Einen oder zwei gute Lehrer hatte fast jeder von uns. Davon brauchen wir viele mehr. Wir müssen mehr über gute Lehrer reden! Wir sollten den Lehrern, die heute da sind, Weiterbildungen anbieten, um selbst zu so einem wichtigen Menschen, im Leben der Schüler, werden zu können. Lehrer brauchen einen Arbeitsplatz, der die Voraussetzungen dafür herstellt, gut sein zu können. Davon sind wir weit entfernt. Wie kann ein Lehrer gut sein, wenn er im wahnsinnigen fünfundvierzig Minuten Takt vor 30 Kindern steht und für jedes Kind statistisch knapp zwei Minute Zeit hat. Lehrer brauchen mehr Freiheiten – für eigene Ideen. Sie brauchen Vertrauen ihrer Vorgesetzten, Freiraum und Zeit für den einzelnen Schüler, für Projekte und Zusammenarbeit mit außerschulischen Einrichtungen. Zeit, das echte Leben zu sehen, und raus aus dem geschlossenen System Schule. Lehrer brauchen weniger Verwaltungsaufgaben und Kontrolle. Ein guter Lehrer kann in einem kranken, lernunwilligen System gesund bleiben. Ein guter Lehrer führt seine Schüler an einer langen, straffen Leine: Er gibt genügend Freiheiten und er gibt Frechheiten keinen Platz. Schüler wollen gute, freundliche, klare Führung. Ein guter Lehrer lernt von seinen Schülern. Eine gute Lehrerin weiß, dass Erziehung zu zehn Prozent aus Information und zu neunzig Prozent aus Vormachen besteht. Gute Lehrer sind den Kindern nah, aber sie missbrauchen diese Nähe nie.

Kein Bildungssystem kann besser sein als seine Lehrer. Ich bin davon überzeugt, dass diese Veränderungen nicht von außen kommen werden. Ich hatte hervorragende Lehrerinnen und Lehrer und auch furchtbare. So ist es und so wird es noch lange sein, allerdings kann die einzelne Lehrerin den wesentlichen Unterschied machen. Dieser Unterschied hat gravierenden Einfluss auf jedes Kind, und auf ihre eigene Arbeitszufriedenheit. Nach den Eltern, sind Erzieherinnen und Lehrer & Lehrerinnen, die wichtigsten Menschen, zur Orientierungsgebung von Kindern und Jugendlichen. Wir sollten alles daran setzen diesen Berufsstand nach Strich und Faden zu stärken (zum Beispiel mit frei wählbaren, bezahlten Weiterbildungen). Damit sich jeder die Finger danach schleckt Lehrer & Lehrerin werden zu dürfen. Erst wenn wir das schaffen, wird sich wirklich etwas an unseren Schulen tun. Warum ich das glaube? Weil alles andere schon probiert wurde und in 16 Bundesländern nichts besser geworden ist.

Heute kommt es darauf an für Kinder eine Atmosphäre zu schaffen die zum Mitdenken, Vorausschauen, Verantwortung übernehmen, anregt. Die Kinder aber auch ermutigt ein wenig Frust aushalten zu können und freundlich zu sich und anderen sein zu können. Das alles sind Fähigkeiten die Lehrerinnen und Lehrer am leichtesten durch Vormachen vermitteln. Dazu sollten sie in diesen Fähigkeiten geschult und gefördert werden. Weil das alte Schema, von Strafe oder Belohnung nicht mehr trägt, jedoch Lernen verhindert.

Die Beziehungskompetenz von Lehrerinnen & Lehrern wesentlich zu verbessern, wird unseren Kindern (und Eltern) eine neue Schule ermöglichen. Eine Schule die sie stärkt, die sie ermutigt, die sie trägt, die etwas an die Kinder weiter gibt, das diese Menschen wirklich für ihr Leben brauchen. Wenn die Menschen sich ändern, bleibt kein Platz mehr für Mauern und Zäune, das haben wir erlebt. Schule kann für die Meisten zur Freude werden. Dafür leistet Andreas Reinke einen wertvollen Beitrag, dafür danke ich ihm und wünsche seinem Buch den größtmöglichen Erfolg und Ihnen als Leserin und Leser den besten Nutzen daraus !

UND VORSICHT! DIESES BUCH KANN POSITVEN EINFLUSS AUF IHR LEBEN HABEN!

Ihr Mathias Voelchert,
Gründer und Leiter familylab Deutschland

Einleitung

Meine Beziehung zur Idee Schule ähnelt einer anspruchsvollen und herausfordernden Freundschaft. In meiner Kindheit und Jugend entstanden Freundschaften nicht plötzlich, frei nach dem Motto »Freundschaft auf den ersten Blick«. Oft gingen ihnen handfeste Streitereien im Sandkasten, auf dem Schulhof und später in Kneipen voraus. Und manchmal, nachdem sich die Wogen etwas geglättet hatten, stand fest: Das passt. Oder auch nicht.

Die Wogen haben sich etwas geglättet und ich kann sagen: Das passt. Nicht immer, aber immer öfter. Nein, ich assoziiere mit Schule und dem Beruf des Lehrers ganz bestimmt nicht ausschließlich den Begriff Traumjob. Nach zwölf Jahren Berufserfahrung kann ich sagen, dass der Lehrerberuf zuweilen zu einem Albtraumjob werden kann. Und dennoch: Zwischen der Idee Schule und mir ist nach teilweise äußerst turbulenten Zeiten und einigen »Friedenspfeifen« ein freundschaftliches Verhältnis erwachsen. Das bedeutet keineswegs, dass ich grundsätzlich einverstanden wäre mit der geläufigen Interpretation und Umsetzung der Idee Schule. Nach meiner Einschätzung sind unsere Schulen im Durchschnitt – und ich meine damit nicht kategorisch staatliche Schulen (!) – gegenwärtig Orte der Entfremdung, und nicht zuletzt deswegen geht es sehr, sehr vielen Menschen im schulischen Umfeld chronisch schlecht. Das jedoch halte ich weniger für ein Problem der Idee Schule als eines derjenigen, die Schule entsprechend ihrer

Denkmuster und Konditionierungen gestalten und als Professionelle zu verantworten haben. Sofern wir von einer Schulkrise sprechen wollen, sollten wir uns zuallererst eingestehen, dass diese nicht von Schülern und Eltern ausgeht und auch nicht vom Himmel gefallen ist. Wir, die Pädagogen, sollten die Chance ergreifen, die Krise als unser Geschöpf anzunehmen. Was hat sie mit uns zu tun?

Im schulischen Kontext passen sich noch immer viele Kinder und Erwachsene auf Kosten der eigenen Integrität (Bedürfnisse, persönliche Grenzen und Begrenzungen, Werte, Gefühle, Ziele, Träume, Überzeugungen, Würde) an. Sie erfahren dafür im Regelfall Akzeptanz, verbuchen möglicherweise sogar schulische beziehungsweise berufliche Erfolge, verlieren jedoch auf Dauer an Vitalität, Eigenart und an der Fähigkeit, inneren Impulsen Bedeutung zu geben. Während unzählige Schüler und Eltern der schulischen Definitions- und Übermacht Folge leisten und eher »stille« Symptome entwickeln, wenden sich immer mehr Kinder und Jugendliche auf zum Teil »unüberhörbare« Weise gegen schulische Integritätsverletzungen. Dabei gerät der verzweifelte und nachvollziehbare Versuch, die eigenen Grenzen mit den zur Verfügung stehenden Mitteln zu verteidigen, insbesondere für Schüler zu einem ernsthaften und einsamen Konflikt. Schließlich ist Schule seit gefühlten Ewigkeiten ein Ort, an dem Kindern mit aller Macht Grenzen gesetzt werden, anstatt ihre individuellen Grenzen zu respektieren. »Ungehorsamen« Schülern wird nur selten zugehört, geschweige denn ein Recht auf existentielle Konflikte zugesprochen. Ungläubig reiben sich Verantwortliche dann eines Tages die Augen, wenn sie auf junge Menschen treffen, die nach Jahren des Nicht-gehört-Werdens den Hinweisen und Versprechungen ihrer Vorbilder kein Gehör mehr schenken.

Schüler, Eltern und Pädagogen stehen heute unter einem gewaltigen Leistungs- und Kooperationsdruck und geben diesen – größtenteils unbewusst und ungewollt – untereinander weiter. Die Anstrengungen sind auf allen Ebenen extrem hoch, um allgemeingültigen Normen zu entsprechen und festgelegte Standards zu erreichen. In der Vergangenheit schien es geradezu normal, dass Kinder und Jugendliche im System Schule nicht viel zu lachen hatten. Junge Menschen trugen nahezu täglich schwere Verletzungen davon, die von Erwachsenen entweder nicht als solche erkannt oder als notwendiges Übel »im Sinne des Kindes« durchgewunken wurden. Um aus Kindern »richtige Menschen« zu machen, also wohlerzogene, systemtreue, akkurat funktionierende Arbeiter, wurden sie mit eiserner Hand auf späteres Leben vorbereitet. Und wo gehobelt wird, fallen bekanntlich Späne. Dem Überlebensinstinkt gehorchend, ordneten sich Kinder und Jugendliche dem Willen ihrer Lehrer zumeist unter. Das auf Gehorsam basierende Bildungs- und Bestrafungssystem ließ eine Alternative zur Anpassung an Normen bei gleichzeitiger Selbstentfremdung kaum zu. Deutlich erschwert wurde die Situation der Kinder und Jugendlichen dadurch, dass sich ein Großteil der Eltern kritik- und machtlos auf die Seite der Lehrer stellte und die in Schule praktizierte »Domäne des Stocks« abnickte. Kinder erfuhren im Nachgang zu schulischen Disziplinierungsmaßnahmen nicht selten eine Zweitbestrafung. Es hieß dann: »Schließlich musst du doch irgendetwas angestellt haben. Einfach so wird dich dein Lehrer nicht zurechtweisen!«

Die Zeiten haben sich geändert. Unsere Schulen allerdings kaum. Leidtragende sind neben Schülern und Eltern mittlerweile Lehrer, die unter großen Kraftanstrengungen versuchen, Unmögliches möglich zu machen. Mit einer ungenügenden Ausbildung im Gepäck verschleißen sich Lehrer an der unlösbaren Aufgabe, einerseits den Anforderungen eines antiquierten, übergriffigen und beziehungsverhindernden Systems gerecht zu werden und andererseits mit Schülern und Eltern in Beziehung zu treten, die ihren Blick angesichts eines Lehrers und dessen rollenbedinger Autorität nicht mehr automatisch senken. Und so ist die Zahl der Schwerverletzten mittlerweile auch auf Seiten der Lehrer besorgniserregend hoch. Täglich sehen sich tausende von Lehrern unerträglichen Grenzüberschreitungen ausgesetzt. Es liegt mir vollkommen fern, diesen Aspekt in der folgenden Arbeit zu ignorieren oder zu verniedlichen. Ich weiß aufgrund meiner eigenen Geschichte und in Anbetracht etlicher Erlebnisberichte mir bekannter Kollegen sehr genau, wie es ist, wenn die eigenen Grenzen massiv verletzt werden, ein halbwegs »normaler« Unterricht unmöglich ist und das Lehrerdasein einem Überlebenskampf gleicht: Schüler brüllen durch den Raum, beschimpfen und bedrohen Mitschüler oder Lehrer, zeigen demonstratives Desinteresse, laben sich an der Unbeholfenheit des Erwachsenen und drohen mit dem Anwalt ihrer Eltern. Diesen Machtkampf kann ein Lehrer auf Dauer nicht gewinnen. Nicht einmal mehr unter Zuhilfenahme traditioneller Drohgebärden. Ende der Fahnenstange. Alle Lehrer, die so etwas erleben, haben mein Mitgefühl. Aber wenn die Tränen getrocknet sind, sollten wir uns ehrlich fragen, welche Botschaften in den immer häufiger zu beobachtenden »Verhaltensauffälligkeiten« von Schülern (und Eltern und Lehrern) stecken.

An meiner Ausbildungsschule in Lübeck gab es einen Schüler namens Mirko[1] . Er war weitaus intelligenter, als es seine Leistungen vermuten ließen. In sich, das weiß ich heute, war er zutiefst verunsichert. Nicht zuletzt sein Hang zum Stottern deutete auf ein mangelndes Selbstwertgefühl hin. Wahrscheinlich hatte er aufgrund langjähriger und prägender Erfahrungen eine tiefe Angst entwickelt, nicht gehört zu werden. Ironischerweise musste er in der Schule mit Erwachsenen zusammenarbeiten, die ihm das Problem bescheinigten, er könne nicht »hören« (sich nicht an Regeln halten). Und so verfolgten die Pädagogen den Plan, Mirkos Sozialkompetenz zu steigern. Die Strategie war einfach und über Jahre erprobt: klare Ansagen und Regeln. Das Ziel: Anpassung und Gehorsam. Bei Verstößen gegen Ansagen und Regeln: Konsequenzen (Strafen) in Form von institutionell und moralisch akzeptierten Integritätsverletzungen. Mirko war sehr um Kooperation bemüht, rastete jedoch regelmäßig komplett aus und verging sich an Gegenständen oder Mitschülern. Nach solchen Vor-

---

1 Die tatsächlichen Namen von Schülern, Lehrern und Eltern habe ich verändert.

fällen sahen sich die Verantwortlichen gemäß ihres Rasterdenkens bestätigt und erhöhten den Druck. Das heißt: Mehr von dem, was Mirko überhaupt erst in die Not gebracht hatte, anstatt sich darüber auszutauschen, dass Menschen, deren Integrität langfristig missachtet wird, irgendwann implodieren oder explodieren.

Schule ist traditionell ein Ort, an dem von Kindern, Jugendlichen und Eltern erwartet wird, sich auf Kosten der eigenen Integrität an Lehrer und deren Erwartungen anzupassen. Viele Menschen geraten eingedenk dieses »normalen« Überkooperations-Musters in existentielle Nöte und entwickeln zum Teil drastische Symptome. Für gewöhnlich registrieren Erwachsene tendenziell »auffällige« Symptome, verwechseln diese mit den eigentlichen Problemen und investieren viel Zeit, Geld und Energie, um vermeintliche Probleme zu lösen. Symptomverschiebungen sind oftmals die logische Folge.

Auf den nächsten Seiten will ich mich mit der Frage auseinandersetzen, ob es denkbar und möglich wäre, sich der Idee Schule auf der Basis von Integrität, Gleichwürdigkeit, Verantwortung, Vertrauen und persönlicher Autorität zu nähern. Ich wähle bewusst den Konjunktiv, denn es liegt mir fern, als Besserwisser aufzutreten, geschweige denn als Belehrender.

Ich kenne die Wahrheit nicht und halte es mit Heinz v. Förster, der die Wahrheit als Erfindung eines Lügners entlarvt. Ich habe mich in den letzten Jahren intensiv mit dem Thema Schule beschäftigt und

Ausflüge in Bereiche unternommen, die im weitesten Sinne mit Schule zu tun haben. Abgesehen davon, dass ich für mich festgestellt habe, dass es wohl kein Thema gibt, welches nicht in irgendeiner Form an schulische Fragestellungen andocken würde, weiß ich um die Begrenztheit meines Denkens. Zwar teile ich meine Sicht gerne mit, teilen muss sie gleichwohl niemand. Andere Meinungen, Perspektiven und Erfahrungen sind mir herzlich willkommen und nichts wäre mir lieber, als mit unterschiedlich denkenden und fühlenden Menschen zum Schulthema in Dialog zu gehen. Wir können nur gemeinsam eine zukunftsfähige und menschenfreundliche Schule denken und gestalten. Ich bin zutiefst überzeugt, dass die Antwort auf die Frage, wie wir uns zum Thema »Schule, was nun?« ins Benehmen setzen, bereits die Energie enthält, die Schule zukünftig ausmachen wird. Dialog oder Diskussion? Sollten wir weiterhin in den Kampf »gegen das Böse« (wahlweise: Lehrer, Eltern, Schüler, Politiker, Schulleiter, Andersdenkende) ziehen und Argumente »ins Feld führen«, werden sich veraltete Denkgebäude eher verfestigen.

Ich verfasse diesen Text als jemand, der jeden Tag die herausfordernde Erfahrung macht, sein Lehrerdasein auf eine Art zu bestimmen, die neu ist und für die es keine oder kaum Vorbilder gab und gibt. Ich leiste, wie so viele Lehrer und Eltern, Pionierarbeit. In meinen Bemühungen begehe ich jeden Tag über hundert Fehler. Mein Anspruch ist es, aus Fehlern zu lernen und dabei meinem fehlerhaften Treiben freundlich zu begegnen. Eine freundliche Begegnung mit mir und meiner Unvollkommenheit beinhaltet für mich die Übernahme von Verantwortung. Die unfreundliche Variante – und ich bin diesbezüglich ein Experte – basiert auf der Idee von Schuld und der Suche nach Schuldigen.

In mir steckt, um es etwas plakativ auszudrücken, »das Neue« und in erheblichem Maße »das Alte«. Für meine Mitmenschen (und für mich) ist es manchmal extrem schwierig, mit diesen beiden Seiten umzugehen.

Dazu folgende Episode, geschehen in der jüngeren Vergangenheit.

»Wenn nicht, dann ...!«

Seit einiger Zeit hinterlasse ich auf der Seite eines bekannten sozialen Netzwerkes Kommentare zum Thema Schule. Ich zitiere mir wichtige Passagen aus Büchern und anderen Medien und füge eigene Gedanken hinzu. So auch im Oktober 2014, als ich Jesper Juul zum Thema Schulverweis und Beurlaubung zitierte: »Wir sollten uns vor Augen führen, dass sich sofort das Jugendamt einschaltet, wenn Eltern ihr Kind auf ähnliche Weise (Ausschluss vom Unterricht, Anmerkung des Verfassers) vernachlässigen. (...) Aber (...) Schule darf das, weil sie die Schüler ja ohnehin für ›unerreichbar‹ erklärt.«[1]

Folgende Gedanken merkte ich an:

»Manchmal wirkt eine Situation absolut zerfahren und wir Lehrer sind am Ende unserer Kraft, unseres Lateins. Jemand, der nie vor einer Klasse stand, kann vielleicht kaum nachvollziehen, wie es als Lehrer ist, sich in der Gegenwart eines Schülers oder mehrerer Schüler erniedrigt, hilflos und verletzt zu fühlen. Und dann sitzt du am Abend da, bereitest den Unterricht für den nächsten Tag vor und in dir nagt die Angst vor der morgigen Begegnung.

Das alles kenne und respektiere ich. Es ist nicht unprofessionell, Verunsicherung, Angst oder Wut zu

---

1 Juul, Jesper: *Schulinfarkt. Was wir tun können, damit es Kindern, Eltern und Lehrern besser geht.*

spüren, jedoch halte ich es für unprofessionell, die Verantwortung für belastende Gefühle und berufliche Schwierigkeiten an Schüler und Eltern abzutreten. Und für inakzeptabel stufe ich solche Maßnahmen ein, die eingebettet werden in einen Schwall an Schein-Professionalität: ›Wir hatten doch Absprachen, einen Vertrag!‹, ›In den Schulregeln steht ...‹, ›Wir müssen den Schulfrieden aufrechterhalten!‹, ›Die anderen Schüler haben ein Recht auf eine gute Beschulung!‹, ›Wir kommen mit dem Stoff nicht weiter!‹, ›Die anderen Schüler machen dann immer den Blödsinn mit!‹, ›In dem Verhaltensheft stehen fünf Einträge!‹, ›Die Eltern müssen ihre Kinder erziehen!‹

Und schließlich schicken wir Schüler nach Hause. Ja, und dann? Glauben wir wirklich, die sitzen dann bei meditativer Musik da und haben einen Geistesblitz: ›Ah, jetzt weiß ich! Ich muss mich nur an die Regeln halten und dann ist alles prima!‹

Zunächst einmal wünsche ich mir Ehrlichkeit. Besonders Schulen, die mit außergewöhnlich schönen Konzepten und Werten in der Öffentlichkeit werben, sollten ihre Programme umschreiben: ›Wir respektieren Schüler, SOLANGE SIE SICH AN DIE REGELN HALTEN!‹ Und wenn ein Schüler beurlaubt wird, könnten Pädagogen an der Formulierung der Begründung feilen: ›Wir beurlauben dich mit sofortiger Wirkung, weil es uns nicht gelingt, mit dir zusammenzuarbeiten.‹

Wir dürfen Schüler nicht aus disziplinarischen Gründen beurlauben. Egal wie herausfordernd die Situation ist. Machen wir es doch, können wir gleich die Zünd-

schnur anzünden und in Deckung gehen.«

Einige Stunden nachdem ich diese Gedanken niedergeschrieben hatte, schlenderte ich während einer Pause durch unsere Schule. Plötzlich sah ich einen etwa dreizehn Jahre alten Schüler (Stefan), der auf dem Schulhof einen Mitschüler (Bernd) durch die Mangel nahm. Er hielt ihn im so genannten »Schwitzkasten«. Wer selbst einmal in so einem »Schwitzkasten« steckte, weiß um das sich ausbreitende Gefühl von Hilflosigkeit und Erniedrigung. In Sekundenschnelle lief in mir ein Film ab. Ich dachte: »So eine Sauerei! Na warte!« Ich rannte los und brüllte Stefan an: »Hör auf!« Sichtlich überrascht, jedoch lächelnd ließ er los und blickte mich an. Er sagte: »Was denn? Ist doch nichts los!« Ich: »Wer glaubst du, kann am besten sagen, ob das hier ein Spaß ist oder nicht?« Er: »Ich.« Und jetzt kommt's! Ich: »Wenn ich jetzt noch ein Wort von dir höre, ist der Tag für dich gelaufen. Dann geht's nach Hause!« Zack! Wutentbrannt stampfte ich davon.

Im Lehrerzimmer angekommen gelang es mir, mich etwas zu beruhigen und in mich zu gehen. Ich erinnerte mich an meinen vor wenigen Stunden aus voller Überzeugung formulierten Kommentar zum Thema Schulverweis und Beurlaubung. Interessant. Mir war schnell klar, dass ich im Eifer des Gefechts die Verantwortung für meine Werte abgetreten und somit nicht aus ihnen heraus gehandelt hatte.

Innerlich aufgewühlt setzte ich mich und konzentrierte mich auf meine Atmung. Lange brauchte ich nicht, um zu bemerken, dass ich in der Begegnung mit Stefan den Kontakt zu mir und meinen empathischen Gefühlen verloren hatte. Da ich mich schon vor längerer Zeit der Idee der Fehlerfreundlichkeit zugewandt hatte, fiel es mir nicht sonderlich schwer, mir selbst zu verzeihen. Ich entschied, das Gespräch mit Stefan wieder aufnehmen und ihm respektvoll und authentisch gegenüber auftreten zu wollen. Ich ging also zurück und sagte zu Stefan: »Du, ich habe da einen Fehler gemacht. Wenn ich von dir deinem Mitschüler gegenüber Respekt erwarte, dann muss ich dir gegenüber Respekt aufbringen. Und das ist mir nicht gelungen. Aber so ist das manchmal. Als ich euch eben gesehen habe, wurde mir richtig schlecht. Ich konnte es schon immer schwer ertragen, wenn sich Menschen streiten und prügeln. Wenn ich früher in der Disko war und plötzlich Menschen aufeinander einschlugen, musste ich mich immer fast übergeben.« Stefan: »Ja, passt schon. Ich hätte das eben wirklich nicht machen sollen. Haben Sie oft Schlägereien miterlebt?«

Wir Lehrer (und übrigens erst recht Eltern) müssen nicht perfekt sein. Wir sollten es nicht einmal versuchen. Denn eines müssen wir unbedingt bedenken und »befühlen«: Wir, die Erwachsenen, sind die Rollenmodelle. Wir können uns nicht aussuchen, wann wir Vorbilder sein wollen und wann nicht. Immer sind wir diejenigen, die jungen Menschen Leben vorleben. Sobald wir uns in der Nähe eines Kindes aufhalten, erziehen wir allein durch unser Sein. Kinder kooperieren immer. Sie kooperieren mit unseren offensichtlichen und versteckten Einstellungen, Mustern, Bildern, Reaktionen, Strategien, Formulierungen, Gefühlen und Gedanken. Die oft nett gemeinten Versuche, jetzt zu erziehen (»Setz dich! Wir müssen uns mal über dein Benehmen unterhalten!«), beeindrucken im Regelfall nur den, der gerade erziehen will. Vielleicht konnte Stefan aus der Situation mit mir etwas sehr Wichtiges erfahren: Fehler zu machen, gehört zum Leben dazu. Niemand ist perfekt. Es ist möglich, zu seinen Fehlern zu stehen, ohne sein Gesicht zu verlieren. Man muss nicht einmal einen Schuldigen benennen oder sich selbst schuldig sprechen. Verantwortung und Schuld sind nicht synonym.

Und was konnte ich aus der Situation lernen? Zweierlei: Erstens lernte ich, dass ich von Schülern lernen kann. Zweitens: Das, was mich so richtig auf die Palme bringt, hat vor allen Dingen etwas mit mir zu tun.

Wir können nicht
nicht kooperieren

Es ist ganz sicher nicht offizieller Auftrag von Kindern, Jugendlichen und Eltern, uns Lehrern die eigenen blinden Flecken vor Augen zu führen. Der Punkt ist: Sie machen es trotzdem. Sie machen es nicht, weil sie gerade nichts Besseres vorhaben, uns etwas Böses wollen oder den Entschluss gefasst haben, die Macht an sich zu reißen. Sie machen es, weil und indem sie mit uns und der gesamten Palette unseres Soseins kooperieren. Menschen kooperieren immer. Im Schulkontext jedoch wird der Kooperationsbegriff insgesamt sehr einseitig gedeutet und angewandt. Noch immer dominiert die Überzeugung, es sei die Aufgabe von Erwachsenen, egozentrisch veranlagte Kinder durch Erziehung kooperativ zu machen. In den meisten Fällen bedeutet das, Kinder mit Hilfe von Instruktionen, Regeln, Grenzen und Förderprogrammen in die Gemeinschaft zu integrieren. Angepasste Kinder bekommen das Prädikat »sozial kompetent« ausgestellt, während »unkooperativen« Schülern besondere Bedürfnisse angedichtet werden, aufgrund derer individuelle Maßnahmen abgeleitet werden. Missachtet wird in diesem Zusammenhang nicht nur, dass es nach meiner Überzeugung keine Menschen mit besonderen Bedürfnissen gibt, sondern außerdem, dass es nicht möglich ist, nicht zu kooperieren. In dem Moment, in dem sich zwei Menschen (oder mehr) in einem Raum aufhalten, kooperieren sie. Ob sie nun wollen oder nicht.

Wir können uns eine Beziehung zwischen zwei Menschen vorstellen wie ein Seil, das an jedem Ende von einem der beiden Menschen gehalten wird. Was passiert? Übertrieben gesagt: Sobald Person A auch nur die Atemfrequenz und dadurch den Zustand des Seils (Spannung, Höhe, Richtung) leicht verändert, passt sich Person B bewusst oder unbewusst an die veränderte Situation an. Person B kooperiert. Person B kooperiert anders, als die Personen C bis Z kooperieren würden. Auf das Verhalten von Person B stellt sich Person A ein und so weiter. Da Veränderung wohl die einzige Konstante in unser aller Leben ist, können wir davon ausgehen, dass wir uns pausenlos gegenseitig beeinflussen und Beziehungen nie »fest« sind.

Was könnte geschehen, wenn ein Lehrer in einem Elterngespräch auf einen aufgebrachten Vater trifft, der seine Unzufriedenheit über das Vorgehen des Lehrers wütend zum Ausdruck bringt? Wird der Lehrer trotz der Emotionalität des Vaters in sich ruhen und zum Dialog einladen? Oder wird er, vom forschen Auftritt des Vaters eingeschüchtert, aus Angst nachgeben, was den Vater wiederum animieren könnte, noch mehr am Seil zu zerren? Möglicherweise hat der Lehrer als Kind gelernt, dass Jungen keine Angst haben und zeigen dürfen. Und obwohl er nun Lehrer ist und neunundvierzig Jahre alt, glaubt er diesem Gedanken noch immer (Kindergelübde: »Ich darf keine Angst haben und wenn ich doch Angst verspüre, darf ich sie nicht zeigen.«). In der Ausbildung zum Lehrer wurde er unter Umständen darin bestärkt, sich und seine Gefühle gerade in herausfordernden Situationen hinter einer rollenbedingten Autorität zu verbergen. Obwohl der Lehrer zutiefst verunsichert ist, begegnet er dem Vater als »starke Autoritätsperson«, gibt den »richtigen« Weg vor und stellt den Kontakt zum Vater damit auf eine Zerreißprobe. Denkbar wäre, dass der Vater daraufhin das Seil fallen lässt, im übertragenen Sinne also den Kontakt abbricht, was eine durchaus gesunde Reaktion sein könnte, jedoch sehr wahrscheinlich als unkooperatives Verhalten gedeutet würde. Viele andere Szenarien sind vorstellbar. Tatsache ist: Wenn Lehrer und Vater zu einem Gespräch zusammenkommen, passiert mehr als ein reiner Informationsfluss. Wovon wir ausgehen können und müssen, ist, dass die Qualität des Gespräches weniger abhängen wird vom Gehalt und der Anzahl der Argumente. Entscheidend wird sein, in welcher Verfassung und mit welchen inneren Haltungen Lehrer und Vater miteinander in Beziehung treten und inwieweit der Lehrer die Verantwortung für sich und die Qualität des Prozesses zu übernehmen bereit ist. Nur unter der Voraussetzung, dass die Qualität des Prozesses eine ansprechende ist, werden sich Lehrer und Vater letztlich auch über Inhalte austauschen können.

Obwohl seit Langem bekannt ist, dass die Prozessebene die Inhaltsebene bestimmt, werden angehende Lehrer im Rahmen ihrer Ausbildung nur wenig bis gar nicht qualifiziert, den Part eines Prozessgestalters kompetent zu übernehmen. Das ist ein Grund, weshalb zahllose Lehrer nach Beendigung vieler unprofessionell geführter Lehrer-Eltern-Gespräche das Geschehene ohnmächtig zusammenfassen mit dem Satz: »Diese Eltern sind einfach nicht bereit zu kooperieren!«

Eltern treten bisweilen überaus irrational auf und so manches Lehrer-Eltern-Gespräch gerät bereits aus den Fugen, bevor der Lehrer überhaupt »Guten Tag!« sagen konnte. Aus Erfahrung kann ich sagen, dass solche Situationen ganz sicher nicht zu den Sternstunden eines Lehrers zählen. Aber bei der Aufarbeitung und Bewertung entsprechender Ereignisse gilt es unbedingt festzuhalten, dass Eltern Menschen sind, deren Engagement von der Liebe zum eigenen Kind durchdrungen ist. Das Anliegen von Lehrern ist dagegen beruflich motiviert. Sie sind ausgestattet mit Fachwissen, Machtbefugnissen und einem mehr oder weniger klar umrissenen (und sinnvollen) Auftrag. Bestandteil ihrer Profession ist es, auf sich selbst und die eigenen Grenzen zu achten. Werden in einem Lehrer-Eltern-Gespräch die Grenzen des Professionellen trotz aller »Friedensbemühungen« massiv überschritten, liegt es in der Verantwortung des Lehrers, das Gespräch gegebenenfalls zu beenden und unter veränderten Prämissen neu anzusetzen.

Auch wir Lehrer verhalten uns mitunter irrational. Ich kann mich sehr gut an Momente erinnern, in denen ich mein irrationales Verhalten damit zu rechtfertigen versuchte, dass ich den Eltern sozusagen den »Erstschlag« vorwarf. Sie hatten in meiner Wahrnehmung mit dem Streit angefangen und bekämen nun die Quittung. Heute – und ich wünschte, ich hätte diesen Zusammenhang bereits im Zuge meiner Ausbildung kennen gelernt – leuchtet mir ein, dass Lehrer aufgrund ihres beruflichen Hintergrundes professionell mit ihrer Irrationalität umgehen müssen. Und das heißt nicht etwa, wie ein gefühlloser Roboter aufzutreten, sondern die Verantwortung für das eigene Innenleben zu übernehmen. Es ist nicht nur möglich, als Lehrer authentischer Mensch zu bleiben und gleichzeitig professionell zu agieren. Es ist Teil dessen, was die Professionalität eines Lehrers aus meiner Sicht heute ausmachen sollte. Ich stelle deutlich in Frage, ob unser traditionelles Verständnis von Professionalität den gegenwärtigen Herausforderungen noch standhält. Professionalität bedeutet für mich, im beruflichen Kontakt zu Eltern und Schülern diejenigen Beziehungsqualitäten einzubringen, die nach meiner Überzeugung einen konstruktiven und sinnvollen Austausch überhaupt erst ermöglichen. Statt inhaltliche Überzeugungsarbeit zu leisten oder davon auszugehen, dass Eltern mir aufgrund meiner Machtposition folgen sollten, zeige ich mich als Mensch, der in einen gleichwürdigen Dialog gehen will: Hier bin ich, der Lehrer, dessen Erfahrungshintergrund und Professionalität »mitschwingen«, jedoch die Ohren nicht verstopfen. Wer bist du? Ich möchte gerne wissen, wer du gerade bist. Du kannst dich darauf verlassen, dass ich dich nicht »falsch« mache.

Wir Lehrer sind diejenigen, die das alte Sandkasten-Muster (»Wenn du meine Burg zerstörst, haue ich dir mit der Schaufel auf den Kopf!«) durchbrechen müssen! Und dafür benötigen wir Inneneinsichten und Erfahrungswissen über Phänomene des Zwischenmenschlichen. Kooperation ist nicht ausschließlich darüber definiert, dass Eltern und Schüler das machen, was ein Lehrer verlangt. Wir sind gegenseitige Wirkfaktoren. Auch ohne uns dessen bewusst zu sein.

Wenn wir uns nun außerdem vorstellen, dass zu Lehrer und Vater noch der Schüler kommt und alle eine eigene Geschichte mitbringen und damit einen mentalen und sehr individuellen Speicher, gefüllt mit bisherigen Erfahrungen, Konditionierungen, Reaktionsmustern, Strategien, Bildern über uns und die jeweils anderen, ist nicht nur das »lernende Dreieck« komplett, sondern möglicherweise auch maximale Verunsicherung. Denn in dem Wissen darum, dass implizite und explizite Faktoren aller Kooperationspartner das Miteinander beeinflussen, können wir weder an einem Kooperationsbegriff festhalten, der Kooperation als reinen Willensakt definiert, noch ernsthaft daran glauben, dass Zwischenmenschliches in irgendeiner Form kontrollier- oder planbar wäre. Im »lernenden Dreieck« handeln, denken und fühlen die einzelnen Menschen nie getrennt voneinander und frei von bisher Erlebtem. Schüler, Lehrer und Eltern stehen ständig miteinander in Verbindung und kooperieren demzufolge immer. In Anlehnung an das oben angeführte Beispiel wird der Schüler mit der Art und Weise kooperieren, wie Lehrer und Vater sich an ihren Seilenden verhalten. Wir wissen nicht wie, aber es steht außer Frage, dass der Schüler mit dem Lehrer und dem Vater (und vielen anderen) kooperiert.

Insgesamt neigen wir dazu, das Verhalten von Kindern und Jugendlichen unabhängig von uns und dem von uns Vorgelebten zu analysieren und zu bewerten. Ironischerweise stimmt an dieser Stelle ein Satz, der mir in den letzten Jahren immer wieder beim Lesen von Schulkonzepten begegnete: »Im Zentrum steht das Kind.« Im Zentrum kann es zuweilen sehr einsam und ungerecht werden. Allzu oft tun gerade wir Lehrer so, als nähmen wir nur dann Einfluss auf das Sozial- und Lernverhalten von Schülern, wenn wir Beeinflussung beziehungsweise Erziehung bewusst wollen. Das hieße, dass Lehrer sich elegant aus der Affäre ziehen könnten. Denn mit dieser Überzeugung könnten Lehrer Gelingendes dem eigenen Bemühen zuordnen, während sie »Unschönes« von sich weisen könnten. Kein Lehrer würde seinen Schülern beibringen wollen, sich auf Kosten Schwächerer zu profilieren. Und dennoch ist es möglich, dass Schüler von ihren Lehrern genau das erlernen, wenn diese beispielsweise einen Notenspiegel an die Tafel schreiben und eine zynische Bemerkung über den Fünferkandidaten abgeben.

Wenn ich als Lehrer weiß, dass ich für Schüler und Eltern immer auch Kooperationspartner bin, und zwar mit allem, was mich als Menschen ausmacht, bin ich geradezu verpflichtet, mehr über mich in Erfahrung zu bringen.

In meinen Veranstaltungen lade ich die Anwesenden regelmäßig ein, theoretische Zusammenhänge in übender Form am eigenen Leib zu erspüren und dadurch sich selbst und andere etwas besser kennen zu lernen. Es ist nicht lange her, dass ich an einer Schule in freier Trägerschaft im Zuge eines von mir durchgeführten Workshops zum Thema »Lehrer und Eltern im Dialog« folgende Übung anbot:

Zu Beginn der Übung übernahm eine Teilnehmerin die Rolle einer Mutter, während eine andere

Teilnehmerin die Rolle einer Lehrerin ausfüllte. Mit Hilfe eines Seils traten »Mutter« und »Lehrerin« miteinander in Beziehung, was für sich genommen bereits überaus spannend war. Hilf- und orientierungslos standen sie sich gegenüber und es war beiden anzumerken, dass es ihnen damit überhaupt nicht gut ging. Im Nachgang sagten sie, dass sie anfangs gar nicht so recht wussten, wie sie miteinander in Beziehung gehen wollten oder sollten. Schon die Frage nach dem Wollen oder Sollen regte meiner Einschätzung nach zum Nachdenken an. Am Ende des Abends resultierte aus dieser Übung so etwas wie ein neues Verständnis vom zukünftigen Weg. Es lautete sinngemäß: »Damit unsere Schule wirklich eine Alternative wird zur traditionellen Schule, wollen wir anders miteinander in Beziehung treten. Wir wissen aber noch nicht, wie das aussehen kann. Wir Eltern und Lehrer suchen gerade unseren Platz und dabei wollen wir aufmerksam miteinander umgehen, uns erlauben, verunsichert zu sein und Fehler zu machen. Wir stellen fest, dass jeder auf seine Weise sein Bestes gibt.« Nach einiger Zeit holte ich zwei weitere Seile hinzu. Ich spielte den dazugehörigen Schüler und nahm Kontakt mit »meiner Lehrerin« und »meiner Mutter« auf. Schnell spürte ich deren Unsicherheit, obwohl sie so taten, als hätten sie alles im Griff. Sie lächelten freundlich, während niemand von beiden die Initiative ergriff. Aus einem inneren Impuls heraus sah ich mich aufgefordert, die Zügel (im wahrsten Sinne des Wortes) in die Hände zu nehmen. Ich übernahm Verantwortung, weil kein anderer in diesem Dreieck die Verantwortung trug. Und das – so klang es im anschließenden Dialog an – passiert im Schulalltag ständig. Junge Menschen sind auf ein stabiles System angewiesen und wenn es dem System an Stabilität fehlt, versuchen Kinder und Jugendliche, diese herzustellen.

In dem Wissen um Kooperation ist das Verhalten von Kindern, Jugendlichen und Eltern ausnahmslos sinnvoll. Das heißt nicht, dass sich Lehrer pausenlos auf die Suche nach einem Sinn machen oder Verhaltensweisen automatisch gutheißen müssen. Sie sollten aber, egal wie irrational sich Schüler, Eltern und übrigens auch Lehrer mitunter benehmen, alle Menschen als soziale Wesen anerkennen, deren Verhalten nur im Kontext der primären Beziehungen verstanden werden kann. Die Lehrer als die Professionellen und Vertreter des Systems Schule sind verantwortlich für die Qualität des Miteinanders. Und das bedeutet, den eigenen Einfluss auf zwischenmenschliche Prozesse anzuerkennen und zu reflektieren. Wenn Lehrer ihre Schüler an der »sehr kurzen Leine« halten und Schüler darauf reagieren, indem sie selbst am Seil zerren oder das Seil fallen lassen, müssen Lehrer ihren Führungsstil überprüfen und möglicherweise verändern.

Der Lehrer als Kooperationspartner

Vor einiger Zeit fragte ich mich, warum meine Schüler im Fach Deutsch so lustlos und uninspiriert wirkten. Ich überlegte, ob ich mein Unterrichtskonzept überdenken oder die fehlende Motivation der Schüler im bevorstehenden Elternabend ansprechen sollte. Schließlich stellte ich fest, dass ich seit geraumer Zeit selbst keine Freude mehr an den Themen des Deutschunterrichts verspürte. Allerdings tat ich im Unterricht so, als ob nichts wäre und die Auseinandersetzung mit Satzgliedern zu meinen Lieblingsbeschäftigungen gehörte. Ich spielte meine Rolle recht passabel, dennoch ließen sich meine Schüler auf dieses Theaterstück nicht ein. Sie kooperierten mit meiner fehlenden Begeisterung, langweilten sich zu Tode und erzielten angesichts fehlender innerer Beteiligung kaum fachliche Fortschritte. Wie sollen sich Schüler freudvoll, engagiert und diszipliniert auf Fachinhalte einlassen, wenn Lehrer die Inhalte, aus welchen Gründen auch immer, lustlos abarbeiten? Wie sollen sich Schüler für Schule begeistern und motivieren, wenn Lehrer ermüdet der Rente entgegentaumeln?

Schüler sind keine Kopien ihrer Lehrer! Aber Schüler kooperieren mit der gesamten Persönlichkeit ihrer Lehrer und damit auch mit denjenigen Anteilen, Gedanken, Gefühlen und Überzeugungen, die Lehrer bewusst oder unbewusst unterdrücken. In welcher konkreten Weise und Intensität Schüler kooperieren, wissen wir nicht und können wir nicht antizipieren, jedoch sollten wir als Lehrer wissen, dass Schüler mit uns kooperieren. Wir sind immer Vorbilder, auch dann, wenn wir uns nicht wie »gute Vorbilder« vorkommen oder meinen, nur zeitweise, sozusagen »nach Plan« erzieherisch wirksam werden zu können. Es ist ganz bestimmt keine einfache Übung, das Lern-, Arbeits- und Sozialverhalten seiner Schüler vor dem Hintergrund des eigenen Einflusses als Kooperationspartner zu betrachten, geschweige denn, sich über das Verhalten von Kindern an eigene verdrängte und nicht integrierte Ich-Anteile zu erinnern. Aber sollte uns die Übernahme von Verantwortung wirklich am Herzen liegen, sind wir aufgefordert, unseren subjektiven Faktor anzuerkennen. Wir müssen uns unserer zum Teil unerledigten biographischen Angelegenheiten stellen. Denn besonders der Umgang mit unerledigten Angelegenheiten kann darüber entscheiden, ob ich tatsächlich der Lehrer sein kann, der ich sein will[1].

Eine Lehrerin, die in der eigenen Kindheit aus Angst vor Liebesentzug gelernt hat, aufkommende Wut niederzudrücken, wird heute vielleicht zunächst keinen Zusammenhang sehen zwischen eigenen biographisch bedingten Mustern und den häufigen Wutausbrüchen ihrer Schüler. Wahrscheinlich wird sie sagen: »Von mir lernen die Schüler so etwas nicht!« Möglicherweise aber kooperieren einige ihrer

---

1 Siegel, J. Daniel; Hartzell, Mary: *Gemeinsam leben, gemeinsam wachsen. Wie wir uns selbst besser verstehen und unsere Kinder einfühlsam ins Leben begleiten können.*

Schüler spiegelverkehrt mit ihrer Art, Wut zu vermeiden. Während sie ihre Wut »deckelt«, drücken ihre
Schüler das Gefühl von Wut im Außen unverblümt
aus. Die Lehrerin hat nun entweder die Möglichkeit,
über Appelle, Strafen, Belohnungssyteme oder das
Instruieren von Eltern Einfluss auf das Verhalten ihrer Schüler zu nehmen. Das möglicherweise rigorose
Vorgehen der Lehrerin könnte bei genauerer Betrachtung jedoch wenig über ihre Verantwortungslosigkeit
hinwegtäuschen, denn ihr Erfolg als Pädagogin hinge
ausschließlich davon ab, dass andere etwas an sich
und ihrem Verhalten verändern. Sie nähme sich wo-
möglich als verantwortungsvoll wahr, gäbe allerdings
Verantwortung ab. Somit würde sie sich ihren Schülern als Vorbild in Verantwortungslosigkeit zur Verfügung stellen. Die Lehrerin kann sich aber auch für
persönliche Weiterentwicklung entscheiden und versuchen, sich mit Unterstützung eines Freundes oder
Kollegen der eigenen Wut-Verarbeitungs-Programme
zuzuwenden.

Parallel dazu kann sie den gleichwürdigen Dialog
mit ihren Schülern suchen und sich als authentischer,
interessierter und verantwortungsvoller Mensch zeigen: »Ich habe festgestellt, dass einige in der Klasse
ganz anders mit ihrer Wut umgehen als ich. Das ist für
mich sehr ungewohnt, denn mir wurde beigebracht,
Wut und Ärger runterzuschlucken. Manche von euch
lassen ihre Wut an anderen oder Gegenständen aus
und ich will, dass ihr damit aufhört. Aber gleichzeitig
müssen wir uns natürlich fragen: Wohin mit der Wut?
Sich vorzunehmen, ab heute nicht mehr wütend zu
werden, halte ich für keine gute Idee. Denn Gefühle

wie Wut gehören zu uns und unserem Leben dazu. Ich bin immer noch auf der Suche nach einem Weg, mit meiner Wut so umzugehen, dass niemand darunter leidet. Ich finde es weder gut, sich an anderen abzureagieren, noch sehe ich einen Sinn darin, seinen Frust zu unterdrücken. Was meint ihr? Wie geht ihr mit eurer Wut um?«

Es ist unsere Entscheidung, ob wir das zwischenmenschliche Phänomen der Kooperation als potentielle Bedrohung oder als Chance und Herausforderung annehmen. Meine Erfahrung ist, dass Schüler langfristig immer mit den tatsächlichen Handlungswerten ihrer Lehrer kooperieren. Dabei ist es schlussendlich egal, wie »gut« ein Lehrer seine möglicherweise grenzüberschreitenden Handlungen pädagogisch korrekt ausführen oder begründen kann. Eine massive Integritätsverletzung bleibt auch mit einem Lächeln im Gesicht und dem Gesetzbuch in der Hand eine Grenzüberschreitung. Von integritätsverletzenden Erwachsenen lernen Kinder und Jugendliche, die Integrität anderer zu verletzen beziehungsweise die eigenen Grenzen zu missachten. Aber natürlich hat die Medaille noch eine andere, eine von Hoffnung geprägte Seite: Wenn Lehrer nämlich gleichwürdig mit Schülern in Beziehung treten wollen und auf gesunde Strategien zur Wahrung der eigenen Integrität zurückgreifen können, werden Kinder und Jugendliche mit hoher Wahrscheinlichkeit kooperieren, indem sie in sich ähnliche Qualitäten entdecken. Ich bin davon überzeugt, dass Kinder und Jugendliche in einer von Gleichwürdigkeit geprägten Umgebung nicht über das Aufstellen eines Reglements zur Sozialkompetenz angehalten werden müssen, weil sie am Vorbild integerer und empathischer Erwachsener das innere Bedürfnis aufdecken, sich selbst und anderen Menschen empathisch zu begegnen. Und an der Stelle glaube ich tatsächlich, dass wir uns entscheiden müssen, wie wir miteinander leben und was wir jungen Menschen vorleben und beibringen wollen: Wollen wir Kindern beibringen, sich auf Kosten anderer durchzusetzen und zu bereichern oder wollen wir sie zum empathischen Miteinander ermutigen? Diese Frage kann nur jeder für sich beantworten.

Mir persönlich reicht ein Blick in die Tageszeitung, um festzustellen, dass wir im schulischen Kontext dringend umdenken müssen, damit diejenigen, die unsere Schulen kurz- oder langfristig verlassen, eine konstruktive Idee davon haben, wie wir im Spannungsfeld von Integrität und Kooperation als Individuum und Gemeinschaft friedlich leben können. Denn obwohl ich grundsätzlich ein durchaus positiv denkender Mensch bin, kann ich mich des Eindrucks nicht erwehren, dass es kurz vor zwölf ist und dass unsere Art des Zusammenlebens sowohl im Kleinen als auch im Großen auf sehr wackeligen Beinen steht. Und das liegt ganz bestimmt nicht an fehlender Allgemeinbildung oder ungenügenden Rechtschreibleistungen. Wir leiden unter einem gravierenden Mangel an Empathie und werden diesem Mangel durch nichts anderes beikommen können als durch gelebte und vorgelebte Empathie. Unsere Schulen können sich von Wissensfabriken und Konkurrenzschmieden zu Empathie-Tankstellen entwickeln. Das ist meine Hoffnung und dafür setze ich mich ein.

Integrität

Integrität:

- »die charakterliche Unbescholtenheit von jemandem (lateinisch: integritas = unbeschädigter, unverdorbener Zustand; aus integer = unbeschädigt, heil)«
- Bedürfnisse, persönliche Grenzen und Begrenzungen, Werte, Emotionen, Ziele, Träume, Überzeugungen, Würde[1]

Das Wort Integrität bedeutet noch lange nicht wirkliche Integrität. Es gab in meinem Leben Zeiten, in denen ich einerseits Menschen ermutigte, sich zu den eigenen Bedürfnissen, Wünschen, Werten und so weiter zu bekennen, andererseits aber selbst keine Ahnung davon hatte, was meine persönliche Integrität ausmachte. In manchen Phasen, in denen ich der Meinung war, mich selbst etwas genauer zu »sehen«, wurde mir irgendwann gewahr, einem Teil einer Art »Schein-Integrität« aufgesessen zu sein und somit einer frühen Konditionierung, die ich bis dahin nicht als solche wahrgenommen hatte. Ich weiß sehr genau, was es bedeutet, im Nebel zu sein, nach einem Mentor zu suchen und sich des Vorwurfs erwehren zu müssen, orientierungs- und verantwortungslos zu handeln. Sowohl im professionellen als auch im privaten Bereich konfrontierten mich Menschen regelmäßig mit dem Satz: »Du musst doch wissen, was du willst!«

---

[1] Jensen, Helle; Juul, Jesper: *Vom Gehorsam zur Verantwortung.*

Eines Tages platzte es aus mir heraus: »Nein! Ich weiß es nicht! Ich wurde nicht ermutigt, etwas zu wollen!« Ich halte es schlichtweg für unmöglich, als Lehrer professionell zu agieren, ohne wirklich zu wissen, wer man ist und was man will. Noch immer, besonders in stürmischen Zeiten, neige ich dazu, die Verbindung zu mir selbst zu verlieren und mich reflexartig derjenigen Überlebensstrategien zu bedienen, mit denen ich groß geworden bin. Im Laufe der Zeit konnte ich jedoch eine kleine, aber entscheidende Nuance verändern: Immer häufiger bemerke ich einen Reflex, bevor er mich übermannt. Schneller zu sein als ein antrainierter Reflex, ist für mich ein entscheidender Schritt auf dem Weg zur inneren Freiheit und ein Quantensprung hin zu dem Lehrer, der ich sein will.

Wir befinden uns im familiären und im pädagogischen Kontext in einer Umbruchphase. Sehr lange Zeit schien es klar, wie »man« sich als Eltern oder Lehrer zu verhalten und zu positionieren habe. Heute muss beziehungsweise darf jeder Vater, jede Mutter und jeder Lehrer für sich klären, was ihr/ihm wichtig ist und wie sie/er das umzusetzen gedenkt. Obwohl es ein Überangebot an Ratgebern gibt, finden Menschen außerhalb von sich kaum schlüssige Antworten auf die Frage, was für sie im Umgang mit sich selbst und in der Beziehung zu Kindern und Jugendlichen von Bedeutung ist. Mehr denn je sind Eltern und Pädagogen darauf angewiesen, aus sich selbst heraus eigenständige und verantwortungsvolle Entscheidungen zu treffen. Darauf sind die meisten jedoch nicht vorbereitet. Gegenwärtig sehnen sich viele Verunsicherte zurück nach Autoritäten, Regelwerken oder altbewährten Moralvorstellungen (»So macht man das!«). Ich kann ihre Ängste durchaus nachvollziehen, jedoch das Beschreiten eines rückwärtsgewandten Weges kaum für sinnvoll befinden.

Beispiel: Eine alltägliche Situation

Es ist Mittwoch, 20:32 Uhr, ich sitze in voller Vorfreude vor meinem Fernseher und lausche gespannt den Äußerungen des Kommentators. Während ich mich einem Kaltgetränk zuwende, wird die Mannschaftsaufstellung bekannt gegeben. In ungefähr zehn Minuten erfolgt der Anpfiff. Das wird ein harter Kampf. Wie wahr, denn plötzlich klopft es an der Tür. Herein tritt eine frisch frisierte und hervorragend geschminkte Frau. Meine Partnerin. Mit glänzenden Augen teilt sie mir Folgendes mit: »Du, hör mal. Wir hatten uns doch vor zwei Tagen darüber unterhalten, dass unsere Beziehung mal wieder neuen Schwung gebrauchen könnte. Und nun halt dich fest (Ich halte mich fest …): Ich habe um 21 Uhr bei unserem Lieblings-Inder einen Tisch reserviert. Wir müssen nicht mal selbst fahren und können ein Glas Wein trinken. Das Taxi steht nämlich in wenigen Momenten vor der Tür. Komm, zieh dich an!«

Und nun? Ziehe ich mich an? Will ich mich anziehen? Was will ich eigentlich? Wie gehe ich damit um, dass meine Partnerin möglicherweise etwas anderes will als ich? Übe ich Verzicht oder verleugne ich meinen Willen? In den ersten Jahren unserer Beziehung hätte ich nicht nachdenken müssen. Wir machten automatisch alles zusammen. Egal was es war. Es gab keinen Unterschied zwischen Ich und Du. Es gab nur ein Wir. Ein

Spannungsfeld zwischen Integrität und Kooperation? Fehlanzeige. Jetzt aber stecke ich in einem Konflikt und muss mich entscheiden.

Ich nutze diese Geschichte auf Seminaren gerne als Einstieg in das Thema Integrität und Kooperation. Dabei nehme ich sehr bewusst vorübergehend den Fokus von Schule und den sich dort aufhaltenden Menschen weg. Nach wenigen Momenten des Nachdenkens erfolgen stets erste Wortmeldungen, aus denen eine Diskussion darüber erwächst, was wohl für mich, der sich entscheiden muss zwischen Fußball gucken und einem gemeinsamen Abend beim Inder, die richtige Entscheidung sein könnte.

Einige stellen sich auf die Seite des Fußballfans und schlagen vor: »Ist doch klar. Du hast dir vorgenommen, das Spiel zu gucken und freust dich darauf. Dann musst du das auch durchziehen.«

Andere mahnen an: »Du kannst doch deine Partnerin jetzt nicht hängen lassen. Was sagt denn das über deine Einstellung zu eurer Beziehung aus, wenn du da sitzen bleibst und deinen Fußball glotzt? Fußball ist doch wohl unwichtiger als ein gemeinsamer Abend mit deiner Partnerin.«

Und die Diplomaten versuchen in der Hoffnung, einen Kompromiss zu finden, Argumente gegeneinander abzuwägen.

Meistens kristallisiert sich im Verlauf eines Gespräches heraus, dass es in der beschriebenen Situation kein »So wird's gemacht.« gibt. Wichtiger als der konkrete Sachverhalt und die Möglichkeit einer inhaltlichen Konfliktlösung scheint den Anwesenden schließlich zu sein, *wie* ich meiner Partnerin gegenüber auftrete und *wie* ich mit meinem ursprünglichen Wunsch umgehe.

Es ergeben sich mehrere Optionen, von denen ich einige anführe:

a) Mein »Nein« zu dir ist ein »Ja« zu mir.

Auf der Inhaltsebene lautet mein Entschluss: Ich bleibe bei meinem ursprünglichen Plan. Das Vorhaben des Fußballguckens ist momentan Teil meiner Integrität und es ist mir wichtig, meine Integrität zu wahren. In der Folge werde ich dem Wunsch meiner Partnerin nicht entsprechen, was ihr sicherlich nicht gefallen wird. Mein »Nein« wird sie ärgern, vielleicht enttäuschen. Aber das halte ich zunächst einmal für ungefährlich. Vorausgesetzt jedoch, ich begegne ihr mit Respekt und mache ihren Wunsch (und damit sie selbst) nicht falsch: »Ganz ehrlich, deine Idee finde ich klasse und ich sehe, dass es dir Freude machen würde, mit mir zum Inder zu gehen. Aber ich habe mich seit Tagen auf diesen Abend und das Fußballspiel gefreut. Ich werde hier bleiben. Meine Entscheidung ist nicht gegen dich, sondern für mich und das Fußballspiel. Wie geht es dir damit?«

b) Verletzungen auf der sprachlichen Ebene

Konflikte gehören zu unserem Leben dazu. Sie sind sozusagen »Normalzustand«, da die Integrität zweier Menschen niemals deckungsgleich sein wird. Ich will/brauche etwas anderes als du. Du willst/brauchst etwas anderes als ich. Ohne Konflikte würden Individuen und Gemeinschaften in ihren Entwicklungen stagnieren. Denn vieles von dem, was zu unserer Integrität gehört, erfahren wir erst dadurch, dass wir in Konfliktsituationen geraten und uns positionieren müssen. Um sagen zu können, was wir wollen, müssen wir wissen, was wir wollen. Unter bestimmten Voraussetzungen können Konflikte jedoch destruktiv werden und auf der existentiellen Ebene erheblichen Schaden anrichten. Unser Selbstwertgefühl (»Was weiß ich über mich und wie gehe ich damit um?«) leidet in dem Moment, in dem wir in Konfliktsituationen von Menschen »falsch« gemacht werden. Die meisten Integritätsverletzungen finden auf der prozessualen Ebene statt (wie). Hier spielt Sprache eine entscheidende Rolle: »Geht's noch? Ich meine, du bist doch des Lesens mächtig und verfolgst die Nachrichten. Da wird dir doch wohl aufgefallen sein, dass heute Abend ein Fußballspiel übertragen wird. Und das ist, wie ich dir schon mindestens tausendmal mitgeteilt habe, gleichbedeutend damit, dass ich NICHT VERFÜGBAR bin. NICHT ANSPRECHBAR. OFFLINE. Warum brauchst du ständig ein Update? « Jeder halbwegs gesunde Mensch verließe erst den Raum und dann mich.

c) Das chronische »Nein«

Natürlich darf nicht unerwähnt bleiben, dass auch ein chronisches »Nein« auf der Inhaltsebene integritätsverletzend sein kann. Jeder von uns erträgt ein einmaliges oder auch ein mehrmaliges halbwegs freundlich ausgesprochenes »Nein«. Wenn wir gelernt haben, ein »Nein« nicht reflexartig persönlich zu nehmen, halten wir es normalerweise aus, einen Korb zu bekommen. Schwierig wird es, wenn die Antwort »Nein« kategorisch erfolgt. Irgendwann käme meine Partnerin gegebenenfalls auf die Idee, dass entweder ich kein Interesse an gemeinsamen Unternehmungen haben könnte oder/und irgendetwas mit ihr nicht stimmt. Möglicherweise gäbe sie sich selbst die Schuld für mein Desinteresse und ihr ohnehin schon angeknackstes Selbstwertgefühl erhielte einen weiteren derben Schlag: »Es liegt an mir, ich bin nicht liebenswert. Ich muss mich noch mehr anstrengen.«

d) Selbstverleugnung

Es ist durchaus möglich, dass ich mich auf einen Abend mit meiner Partnerin einlasse und den Fernseher ausschalte. Die alles entscheidende Frage lautet hier: Warum? Weil ich das will oder weil ich glaube, das wollen zu müssen? Vielleicht habe ich vor Jahren einen Eid gegenüber meiner Mutter und all ihren Stellvertreterinnen geschworen, der mich dazu verpflichtet, andere glücklich zu machen. Ich käme diesem Gelöbnis nach, indem ich meine gesamte Aufmerksamkeit von mir wegnähme und sie auf andere Menschen konzentrierte. Die Integrität meiner Partnerin würde praktisch meine eigene ersetzen.

Möglicherweise war es in meiner Ursprungsfamilie unerwünscht und geradezu strafbar, einen eigenen Willen zu haben. Es war wichtiger, fremden Erwartungen zu entsprechen und mit den Wünschen anderer (direkt) zu kooperieren. Die Strafe für »ungehorsames Verhalten« erfolgte in Form eines einfachen

Satzes, der eines Tages zum eingefleischten Lebens-programm avancierte: »Du trägst die Schuld!« In diesem Falle wäre es nicht unwahrscheinlich, dass mein »Ja, ich gehe mit dir ins Restaurant!« reflexartig und aus Angst vor Schuldzuweisungen und Liebesentzug erfolgen würde.

e) Bedürfnisse unterdrücken oder »parken«?

»Das ist eine tolle Idee. Eigentlich wollte ich total gerne Fußball gucken. Das ist auch immer noch so. Das kann ich spüren. Und weil ich das spüre, kann ich mich ganz bewusst neu entscheiden. Lass uns gehen, das Taxi kommt gleich.« Aus meiner Integrität heraus zu leben, bedeutet nicht zwangsläufig, immer entsprechend meiner Bedürfnisse, Interessen und Gefühle zu handeln. Ich kenne Leute, die eine panische Angst davor haben, junge Menschen dabei zu unterstützen, ihre eigene Integrität zu entdecken und zu verantworten. Sie befürchten, Egozentriker heranzuzüchten. Aber genau das ist aus meiner Sicht eben nicht der Fall! Wenn ich in einem konstruktiven Kontakt stehe mit dem, was in mir ist, kann ich auf einen inneren Kompass zurückgreifen, der mir hilft, persönliche Verantwortung für mein Leben zu übernehmen. Im Gefühl des Bei-mir-Seins gelingt es mir besser, flexibel und proaktiv mein Leben zu meistern, ohne die Grenzen anderer verletzen zu »müssen«. Es kommt dann zuweilen vor, dass man ein bestimmtes Bedürfnis wahrnimmt, es jedoch aus freien Stücken und aufgrund akzeptierter Rahmenbedingungen bewusst »parkt«. Obwohl ich das Bedürfnis gerade nicht stillen kann, stehe ich in enger Verbindung mit ihm, allein weil ich es registriere: »Okay, ich merke, ich bin gerade unglaublich müde und Schlaf täte mir gut. Aber im jetzigen Moment geht es nicht. Hier und jetzt entscheide ich, auf Schlaf zu verzichten.« Menschen, die bei sich sind, können sich erfahrungsgemäß authentisch, offen und bewusst auf Mitmenschen und deren Integrität einstellen. Selbstgefühl begünstigt Mitgefühl. Schwierig wird es für jene, die darauf dressiert wurden, außer sich zu sein. Sie stehen nicht in Kontakt mit sich, finden also keine innere Instanz vor (innerer Vater/innere Mutter), mit der sie ihr Tun abstimmen können.

Der Prozess der inneren Entfremdung beginnt in frühester Kindheit, in einer Zeit, an die sich Menschen im Erwachsenenalter größtenteils nicht erinnern können (Kindheitsamnesie). In von Entfremdung geprägten Biographien ist Überkooperation von Geburt an ein Dauerzustand. Primärbedürfnisse werden von Eltern und anderen wichtigen Bezugspersonen ignoriert, reglementiert oder nur unter bestimmten Bedingungen erfüllt. Menschen, die so aufwuchsen, leiden als Erwachsene oft unter einer fehlenden Verbindung zur eigenen Integrität, sind sich dessen aber kaum bewusst. Sie stellen mitunter gar eine beeindruckende Willensstärke und Leistungsbereitschaft zur Schau. Was sie wirklich brauchen, wissen sie allerdings nicht, weil sie nicht deuten können, was sie empfinden. In Ermangelung einer inneren, sich Selbstempathie spendenden Autorität suchen entfremdete Menschen nach äußeren Autoritäten, die ihnen sagen, was »richtig« und was »falsch« ist. Sie kooperieren mit den Vorgaben starker Vorbilder und fordern von anderen Homogenität und Gleichschritt ein. Entfremdung führt meines Erachtens letztendlich zu Fremdenfeindlichkeit oder gar Fremdenhass. Ich gehe davon aus, dass wir alle zu einem gewissen Grad von uns selbst entfremdet wurden.

Welche Symptome würde meine Partnerin entwickeln, wenn ich ihre Integrität auf massive Weise und über einen längeren Zeitraum missachten würde? Wir wissen es nicht, aber auf Dauer würden meine Integritätsverletzungen auf Symptomebene ganz sicher Gestalt annehmen. Auch ich liefe Gefahr, Symptome zu entwickeln, sofern ich mich aus reflexartiger Angst vor Liebesentzug ihren Erwartungen anpassen würde.

Ich vermute, dass jeder von uns im Laufe seines Lebens die Erfahrung gemacht hat, ungelöste destruktive Konflikte als psychische oder physische Symptome wieder zu entdecken: Kopfschmerzen, Herzrasen, Neurodermitis, Antriebslosigkeit, Appetitlosigkeit, eingeschränktes Leistungsvermögen, Müdigkeit, Wutanfälle, Gegenangriffe, Schlaflosigkeit, Lethargie, Schnupfen, Überempfindlichkeit, Rückzug, Angriff, eingeschränkte Auffassungsgabe, verantwortungsloses Verhalten, Durchfall, Lustlosigkeit, übersteigertes Konsumverhalten mit Suchtpotential (Nikotin, Kaffee, Alkohol, harte Drogen), aggressiver Fahrstil, Mutlosigkeit, Bluthochdruck bis hin zu schlimmeren Krankheiten.

Symptome sind so individuell wie ihre Träger. Gleichwohl haben nahezu alle Symptome eine Gemeinsamkeit: Im Regelfall sind sie nicht die eigentlichen beziehungsweise ursprünglichen Probleme, sie weisen aber auf diese hin. So gesehen sind Symptome Botschaften und Symptomträger Botschafter. In einem Symptom steckt nicht nur die Botschaft, dass etwas im Argen liegt, sondern auch *was* auf existentieller Ebene aus der Balance geraten ist. In den meisten Geschichten entdecken wir, dass im Gesamtsystem derjenigen, die sich mit Symptomen herumplagen, massive Integritätsverletzungen stattfinden oder stattgefunden haben. Nie, wirklich nie ist es ein produktives und sinnvolles Unterfangen, Symptome und deren Träger außerhalb des Gesamtkontextes verstehen und behandeln zu wollen.

Nehmen wir an, eine Frau würde im Zusammenleben mit einem zutiefst verletzenden Mann Symptome wie Antriebslosigkeit oder Schlaflosigkeit entwickeln. Kein halbwegs intelligenter Mensch würde ihr den ernst gemeinten Ratschlag geben, sich einfach mal zusammenzureißen oder einen Schlafexperten aufzusuchen. Im schulischen Kontext verhält es sich anders. Wir machen Schüler, die aufgrund massiver Integritätsverletzungen schwerwiegende Symptome hervorbringen, zu Problemkindern und definieren erfolgreiches pädagogisches Handeln über das Verschwinden der jeweiligen Symptome.

Männer in schwarzen Lederjacken

Im ständigen Spannungsfeld zwischen Integrität und Kooperation zischt, knackt und brodelt es permanent. Energien (Aggressionen) werden freigesetzt und helfen dem Energieträger, sich in eine bestimmte Richtung zu bewegen:

- hin zu dem, was nährt und nützt
- weg von dem, was schadet
- gegen das, was Integrität bedroht[1]

Wenn zwei (oder mehr) Menschen Unterschiedliches wollen, denken oder fühlen (potentiell also immer), entstehen Konflikte. Sie sind Teil unseres Lebens und jedes Bestreben, sie von uns fernzuhalten, wäre so, als ob wir versuchten, Regen zu verbieten, weil die Nässe unangenehm werden könnte. Und trotz aller Regenverbote würde es regnen. Abgesehen davon, dass es regnen muss, damit etwas wachsen und gedeihen kann, wäre es ein bisschen verrückt, Regen im Moment des Regnens zu verneinen: »Es darf jetzt nicht regnen!« Konflikte entstehen. Daran können und sollten wir nichts ändern. Allerdings dürfen wir bewusst Einfluss darauf nehmen, *wie* wir mit Konflikten *umgehen* und welche Färbung sie haben. Die Qualität unseres Umgangs mit Konflikten beginnt mit der

---

1 Büntig, Wolf: *Das Geschenk des Lebens,* in: Mühleisen, Hans-Otto (Hg): *Das Mögliche verwirklichen. Perspektiven der Humanistischen Psychologie.*

Frage: Dürfen Konflikte da sein oder nicht? Vielleicht wurde in unseren Ursprungsfamilien das Streiten unter Androhung von Liebesentzug oder Ausschluss aus der Gemeinschaft untersagt. Dann nähmen wir Konflikte heute höchstwahrscheinlich als etwas Schlechtes oder Bedrohliches wahr. Wir richteten unser Handeln auch in unserem professionellen Wirken danach aus, Konflikte zu vermeiden oder schnell aus der Welt zu schaffen. Die Überzeugung, als Lehrer oder Eltern »gut« zu sein, wenn wenig Konflikte auftreten, sitzt noch immer tief.

Vielleicht durften wir in jungen Jahren aber auch andere Erfahrungen machen und wir erlebten Reibung als etwas Wärmendes. Dann brächten wir vermutlich eher die innere Bereitschaft auf, einen Konflikt als Herausforderung mit Möglichkeiten zur Potentialentfaltung und (gemeinsamer) Weiterentwicklung anzunehmen. Ein konfliktfreies Leben ist weder möglich noch erstrebenswert. Menschen brauchen Herausforderungen, an denen sie wachsen können. Die größten und wichtigsten Herausforderungen ergeben sich aus zwischenmenschlichen Konstellationen. Gerade wir Erwachsenen lassen unsere Masken oft erst fallen und geben uns authentisch zu erkennen, wenn unsere Grenzen überschritten wurden. Es darf keineswegs das schulische Ziel ausgerufen werden, junge Menschen wie Meißnerporzellan anzufassen und ihnen sämtliche Konflikte vorzuenthalten. Das an sich wäre eine eklatante Integritätsverletzung, weil Kinder und Jugendliche ein Recht darauf haben, sich und andere mit Hilfe von Konflikten besser kennenzulernen. Für die Entwicklung eines gesunden Selbstwertgefühls ist der konstruktive Umgang mit Konflikten von hohem Wert. Wenn ich als Kind mit Mitschülern, Eltern oder Lehrern aneinandergerate, kann ich Seiten von mir anerkennend erkunden, die zu entdecken ich im konfliktfreien Raum kaum in der Lage wäre. Voraussetzung: Das, was ich über mich herausfinde, darf da sein und erfährt durch Erwachsene Bestätigung und Anerkennung – eine Art wertfreies Echo.

Beispiel:

Der achtjährige Michael setzt sich am Montagmorgen wie alle anderen Kinder der 2a in den Sitzkreis. Letzte Nacht konnte Michael nicht gut schlafen, denn nachdem es ihm am gestrigen Nachmittag bei einem Fußballspiel gelungen war, erstmals in seinem Leben drei Tore in einem Spiel zu erzielen, war er unglaublich aufgeregt. Die ganze Nacht zappelte er in seinem Bett herum und dachte klopfenden Herzens an das Erlebte. Und auch jetzt, da die Klassenlehrerin Frau Marmelbehne die Kinder auffordert, still zu sein und den Wochenendberichten der Klassenkameraden zu lauschen, gelingt es Michael kaum, sich innerlich und äußerlich zu beruhigen. Obwohl er sehr müde ist, schwanken seine Beine hin und her, er kippelt auf seinem Stuhl und berührt mehrmals andere Schüler, die sich an seiner Unruhe stören.

Wir wissen nicht exakt, was Michael in beschriebener Situation über sich (und andere) erfahren könnte. Allerdings können wir uns ein kleines Gedankenexperiment zumuten, um festzustellen, dass Frau Marmelbehne in Michaels Prozess der Selbsterkenntnis eine bedeutsame Rolle spielt.

Variante 1:

Frau Marmelbehne: »Michael, jetzt reiß dich doch endlich mal zusammen. Wenn wir uns hier im Kreis treffen, hören wir uns gegenseitig zu und stören nicht. Du musst jetzt still sein, ansonsten muss ich mir etwas anderes überlegen.« Michael wird unter Strafandrohung zur Kooperation verpflichtet. Er darf nicht so sein, wie er gerade ist.

Mögliche Auswirkungen auf Michaels Selbstwertgefühl:[2]

»Was weiß ich über mich?« (quantitative Dimension des Selbstwertgefühls): »Ich bin müde und aufgeregt.«

»Wie gehe ich damit um?« (qualitative Dimension des Selbstwertgefühls): »Ich muss Müdigkeit und Aufgeregtheit unterdrücken, weil ich sonst Ärger bekomme oder nicht mehr dazugehöre. So wie ich gerade bin, bin ich nicht in Ordnung.«

Sollte Michael über Jahre auf Erwachsene treffen, die sein Innenleben aufteilen in »So bist du richtig!« und »So bist du falsch!«, besteht eine hohe Wahrscheinlichkeit, dass Michael mit den Fremdeinschätzungen der Großen direkt kooperiert und sie zu eigenen Überzeugungen macht. In der Folge verdrängt er Ich-Anteile ins

---

2 Ein Kind im Alter von acht Jahren wird kaum entsprechende Gedanken bewusst denken. Mir geht es um die Frage, welche Informationen vor jeder Versprachlichung unter Umständen generiert und schließlich zum Muster beziehungsweise mentalen Modell werden können.

Schattenkabinett, von wo aus sie höchstwahrscheinlich Unheil anrichten werden. Aus einem zu Beginn eher harmlosen Konflikt wird im Laufe der Zeit ein existentieller Konflikt. Die Erwachsenen stigmatisieren Michaels Verhaltensweisen und definieren sein Innenleben. Nicht Michaels Integrität ist Ausgangspunkt pädagogischen Handelns, sondern die Frage, wie Michael allgemeingültige Standards erreichen kann. Er wird standardisiert. Möglicherweise wird Michael den Kontakt zu seinen Empfindungen eines Tages komplett verlieren und damit die Möglichkeit, Körperimpulse wahrzunehmen und ihnen eine bewusste Bedeutung zu geben. Seine Suche nach Integrität wird zu einem einsamen Unterfangen. Dadurch, dass er nur dann akzeptiert wird und Wertschätzung erfährt, wenn er mit äußeren Vorgaben »richtig herum« kooperiert, kann er sich und seine Bedürfnisse, Grenzen, Wünsche und so weiter weder kennenlernen, noch gegenüber seinen Mitmenschen authentisch und konstruktiv kommunizieren. Michaels Selbstwertgefühl erfährt eine dauerhafte Schwächung. Er muss seine ihm selbst unklaren Grenzen mit unbewussten Strategien (Überlebensstrategien) schützen. Über sinnvolle Strategien zur Wahrung eigener Grenzen verfügt er nicht.

Variante 2:

Frau Marmelbehne: »Michael, du wirkst auf mich sehr unruhig heute Morgen. Das ist nicht schlimm. Manchmal ist das so. Ich kenne das sehr gut. Mir fällt es aber schwer, den Berichten deiner Klassenkameraden zu folgen, wenn du so eine Unruhe ausstrahlst. Mir ist es wirklich wichtig, dass es im Morgenkreis ruhig zugeht, damit ich den anderen zuhören kann. Du darfst unruhig sein. Im Kreis geht es nur gerade nicht. Hast du eine Idee, was du gerade brauchst?« Michael: »Nein.« Frau Marmelbehne: »Okay. Wenn du eine Idee hast, dann sag's mir bitte. Willst du uns erzählen, was du am Wochenende gemacht hast?« Michael: »Ich hab' gestern beim Fußball drei Tore geschossen. Ich hab' noch nie drei Tore geschossen. Mein Papa hat zugeguckt, mein Opa auch. Danach waren wir ein Eis essen. Das war klasse. Und dann hab' ich die ganze Zeit darüber nachgedacht. Ich konnte gar nicht schlafen.« Frau Marmelbehne: »Wow, herzlichen Glückwunsch. Drei Tore? Das war bestimmt ein tolles Erlebnis. Ja, und dann konntest du wohl nicht recht schlafen vor Aufregung. Nun verstehe ich vielleicht, warum du heute Morgen so unruhig wirkst. Weil du gestern diesen spannenden Tag hattest. Stimmt das, was ich gerade gesagt habe?« Michael: »Ja.« Frau Marmelbehne: »Du kannst gerne hier im Sitzkreis bleiben. Falls es mir oder deinen Mitschülern zu unruhig wird, sagen wir dir das. Du könntest aber auch an deinen Platz gehen und zum Beispiel ein Bild vom gestrigen Spiel malen. Was denkst du darüber?« Michael: »Ne, ich bleib' hier sitzen.« Deutlich beruhigt folgt Michael dem Geschehen.

Michael trifft hier auf eine Lehrerin, die ihn nicht »falsch macht« oder manipulieren will. Der Erwachsene kann deutlich zum Ausdruck bringen, was er will, verletzt dabei jedoch höchstwahrscheinlich nicht Michaels Integrität. (Der Zusatz »höchstwahrscheinlich« ist als Hinweis zu verstehen, dass selbst mit dem bewusst gesteckten Ziel, die Integrität anderer Menschen zu respektieren, Grenzverletzungen geschehen können. Wir können nie mit Sicherheit sagen, was unser Tun für Auswirkungen auf andere hat.) Der Erwachsene zeigt ein ehrliches Interesse an Michaels Befinden. Auf der Suche nach einem konstruktiven Weg begegnet die Lehrerin Michael gleichwürdig, ohne ihre Führung abzugeben. Die Lehrerin bestätigt Michaels Existenz: »Ich sehe dich und du darfst so sein, wie du gerade bist.«

Mögliche Auswirkungen auf Michaels Selbstwertgefühl:

»Was weiß ich über mich?« (quantitative Dimension des Selbstwertgefühls): »Ich bin müde und aufgeregt.«

»Wie gehe ich damit um?« (qualitative Dimension des Selbstwertgefühls): »Ich darf müde und aufgeregt sein. Ich vertraue auf Erwachsene, die mir helfen, das zu leben, was in mir ist. So wie ich bin, darf ich sein.«

Im schulischen Kontext finden Integritätsverletzungen auf bewusster und unbewusster Ebene statt. Manche Lehrer wollen ihre Macht mit Hilfe grenzüberschreitender Maßnahmen oder Verhaltensweisen vorsätzlich verfestigen oder zurückgewinnen. Diese Lehrer brauchen Hilfe, auch dann, wenn sie keine Hilfe wollen. Ich bin gleichwohl zutiefst davon überzeugt, dass die meisten Integritätsverletzungen ungewollt, aus Unwissenheit und insbesondere vor dem Hintergrund eigener unbewusster Prägungen passieren. Eine Frau Marmelbehne, die ihren Unterricht dahingehend konzipiert, mit allen Mitteln für Ruhe zu sorgen, wird sich ihres grenzüberschreitenden Verhaltens wahrscheinlich gar nicht bewusst sein oder aber dem Gedanken Glauben schenken, der Michael müsse sich einfach mal zusammenreißen. Vor Jahren war eine Frau Marmelbehne acht Jahre alt und hieß Renate. Ihr Vater regierte mit strenger Hand: »Renate! Jetzt ist hier Ruhe! Wie oft soll ich dir noch sagen, dass Kinder still zu sein haben, wenn Erwachsene sich unterhalten!«

Und das ist die große Herausforderung: In unseren Schulen rennen keine Monster herum, die gerade nichts Besseres zu tun haben, als Kindern und Jugendlichen das Leben zu erschweren und ihnen das Blut auszusaugen. Nur sind viele von denen, die täglich mit Schülern zusammen sind, mit destruktiven Vorstellungen von sich und dem Leben identifiziert, die wiederum Ausdruck der eigenen Entfremdung sind. Es sind zumeist nicht Sturheit, Faulheit oder fehlende Bereitschaft, die Lehrer davon abhalten, sich persönlich weiterzuentwickeln. Es ist die unterschwellige Angst davor, sich mit der eigenen Gehorsams-Geschichte zu konfrontieren und sich gegebenenfalls von lebensfeindlichen, jedoch stabilisierenden Mustern zu emanzipieren. Dazu Arno Gruen:

»(...) ein Großteil der Menschen fühlt sich gerade dann besonders bedroht, wenn sie mit der Wahrheit über ihren Gehorsam konfrontiert werden. Diese Bedrohung erinnert uns an die eigentlichen Umstände unserer frühkindlichen Entwicklung, die aufs Engste mit dem Gehorsam verbunden sind. Diese Umstände müssen daher unterdrückt werden, weil sie sonst

Angst und Terror auslösen würden.«[3]

In Schule finden etliche Grenzverletzungen statt, ohne dass die Grenzverletzer sich ihres grenzverletzenden Verhaltens unbedingt bewusst wären. Träfe ich während einer Weiterbildung auf eine Frau Marmelbehne (die »konsequente« Version) und lüde sie ein, sich dem Zusammenhang von Integrität und Kooperation zuzuwenden, würde sie bestimmt zustimmen, wenn es um die Frage ginge, ob Pädagogen die Grenzen von Schülern respektieren sollten. Von ihr oder von anderen Teilnehmern würden vielleicht reflexartig Kommentare erfolgen wie »Wenn sich *die Lehrer* doch nur bewusst machen würden, wie wichtig es ist ...« Frau Marmelbehne und all die anderen fleißigen, ehrgeizigen und pflichtbewussten Pädagogen sind wirklich überzeugt davon, nicht an den allgegenwärtigen Schulkatastrophen beteiligt zu sein. Nicht ein einziger Lehrer auf diesem Planeten steht morgens auf und entscheidet sich dafür, etwas »falsch« zu machen.

Ich behaupte, dass gerade auch viele »Reformer« nicht die Befreier sind, sondern Gefangene der eigenen Biographien. Sie kanalisieren die eigene innere Entfremdung ins Außen und versuchen, über *die anderen* sich selbst zu retten. Reflexartig wird im Rahmen von Diskussionen zum Thema »Schule, was nun?« der »Reformer-Zeigefinger« gehoben und es werden Myriaden von Appellen in Richtung *der anderen* (wahlweise Lehrer, Eltern, Schüler, Schul-

---

3 Gruen, Arno: *Wider den Gehorsam.*

leiter oder Politiker) losgeschickt. Nein, ich kann nicht behaupten, dass ich von diesem Muster nicht befallen wäre! Integritätsverletzungen und Entfremdungsprozesse werden immer von anderen angefeuert. Wenn wir davon sprechen, dass Kinder aufgrund des Erwachsenen-Einflusses nicht optimal gedeihen, assoziieren wir automatisch Erwachsene, die sehr offensichtlich destruktiv auf Kinder einwirken. Wir denken an Erwachsene, die prügeln, vernachlässigen, laut schimpfen, in der Wohnung rauchen, sich nicht interessieren, nie Frühstück machen und, wenn wir ganz, ganz ehrlich sind, ungebildet sind. Mit anderen Worten: Nicht wir. »Schlechte Erziehung« beziehungsweise »schlechtes Lehrerverhalten« ist offensichtlich.

Mich erinnert das an ein Erlebnis, das ich als Junge im Alter von vielleicht sechs Jahren hatte: Ich saß mit meiner Mutter in einem Bus. Die Tür ging auf und herein kam ein Mann mit schwarzer Lederjacke und schwarzen Handschuhen. Ich sagte zu meiner Mutter: »Guck mal, Mama! Ein Verbrecher!« Der Mann hörte mich, drehte sich um und lächelte freundlich. Ich war sehr verwirrt. Er musste ein Verbrecher sein. Er war der Schwarze Mann.

Und genau das ist die Falle, in die wir tappen können. Wir alle geben in der Begegnung mit Kindern unser Bestes, manchmal aber ist das, was wir tun, Gift für das Selbstwertgefühl von Kindern. Egal, wie gut wir es meinen. Aber wir merken es nicht, denn wir tragen keine schwarzen Lederjacken. Stattdessen tragen wir alle solange (ungewollt) zur Entfremdung von Kindern bei, solange wir unser »Im-Schmerz-

Sein« unterdrücken und nicht anerkennen. Wenn wir unsere Angst vor Schwäche, Kleinheitsgefühlen, Vergänglichkeit einsperren, lernen Kinder von uns entweder, Ängste zu unterdrücken oder sie in verzerrter Form auszuleben (Kontrollwahn, destruktiv ausgelebte Wut, Sucht nach Bestätigung).

Ich denke an einen Satz von Byron Katie:

»Ein Lehrer der Furcht kann keinen
Frieden in die Welt bringen.«[4]

Wir dürfen uns stellen. Das ist die einzige Chance, uns und unseren Schülern eine lebensbejahende Schule zu ermöglichen. Und dafür müssen wir uns fragen: An welchen Stellen finden in unseren Schulen entfremdende Integritätsverletzungen statt und was haben sie mit *uns* zu tun, auch wenn wir spontan glauben, dass wir »die Richtigen« sind?

Wir tragen alle – und damit meine ich ausdrücklich auch mich – eine Rasterbrille auf der Nase. Daran ist nichts Ehrenrühriges, schließlich brauchen wir Lehrer Sehhilfen, um Entscheidungen zu treffen. Was wir allerdings bedenken müssen, ist, dass unser Sichtfeld immer eingeschränkt bleibt und unsere Sicht der Dinge nicht irgendeine *objektive Wahrheit* enthält. Wir geben inneren und äußeren Impulsen stets eine uns mehr oder weniger bewusste und der Gegenwart angemessene Bedeutung. Bewertungen sind äußerst

---

4 Katie, Byron; Mitchell, Stephen: *Lieben was ist. Wie vier Fragen Ihr Leben verändern können.*

sinnvoll, sofern ich, gerade als Pädagoge, in der Lage dazu bin, mich gleichzeitig von ihnen zu lösen und sie »von außen« zu beobachten. Die meisten schulischen Integritätsverletzungen geschehen, weil Lehrer zu hundert Prozent vom Wahrheitsgehalt ihrer Gedanken überzeugt sind. Und so entstehen »richtige«, sehr oft voreilige, ungeprüfte und reflexhafte Deutungen, die sich später möglicherweise als »falsch« erweisen.

Folgende Geschichte, die sich auch als Mutmachgeschichte für Eltern eignet, deren Kinder in Schule als »Störenfried« betitelt wurden und werden, möchte ich dazu anfügen: Im vergangenen Sommer traf ich meinen ehemaligen Mitschüler Olaf. Ich weiß noch, dass Olaf ständig den Unterricht störte. In jedem Grundschulzeugnis, das erzählte er mir an jenem Tag, wurde sein Verhalten von Lehrern getadelt und als inakzeptabel beschrieben. Wir tauschten ein paar alte Geschichten aus, bis ich ihn fragte, welchen Beruf er ergriffen habe. Er habe, so seine Antwort, seinen »Fehler« zum Beruf gemacht. Ich schaute etwas irritiert und bat um Aufklärung. Olaf erzählte mir, dass er Pilot geworden sei. Er arbeite in einer Firma, die im Auftrag des Verteidigungsministeriums zur Optimierung des Sicherheitssystems den Luftraum *störe*. Olaf verdient sein Geld damit, dass er *stört*.

Das Märchen von der mangelnden Unterrichtsbeteiligung

Es war einmal ein Schulkind, das erwartungsfroh und in dem Wunsch, sich und die Welt zu entdecken, der Schule entgegenfieberte. So viel hatte es über die Schule gehört: Das Lesen und Schreiben würde es lernen, spannende Geschichten hören, Bilder malen, die Zahlen erforschen und, und, und. Nach schier unerträglichen Momenten des Wartens war es schließlich soweit: Der Tag der Einschulung war gekommen, ein wunderbares Fest wurde gefeiert. Das Kind freute sich eher still. Es genoss die Stille. Immer schon. Und niemand störte sich daran.

Drei Wochen später lud der Klassenlehrer die Eltern erstmals zum Gespräch ein und berichtete von seinen Sorgen: »Ihr Kind muss sich mehr beteiligen.«

Einige Jahre später ... Der Zauber war verflogen. Die Stille auch. Das letzte Zeugnis beschrieb eine deutlich bessere Unterrichtsbeteiligung. Die Eltern kamen seltener zum Gespräch. Nur das Kind spürte, dass hier etwas nicht stimmte. Es hatte gelernt, sich Masken aufzusetzen und so zu tun, als ob. »So funktioniert also Leben ...«, dachte es.

Ich kenne aktuelle und ehemalige Schüler, deren Schul- und Lebensgeschichte massiv geprägt wird und wurde von der Angst, unaufgefordert (also: ohne

eine Einladung ausgegeben zu haben) zu einem Thema sprechen zu müssen. Menschen, die in der Nacht
davon träumen, sich vor oder in einer Gruppe im
wahrsten Sinne des Wortes entblößen zu müssen.
Menschen, die zwanzig Jahre nach Beendigung der
eigenen Schulzeit als Eltern zum Elternabend gehen
und vor Aufregung schweißnasse Hände bekommen.

Ich hörte von Lehrern, die in jeder Unterrichts-
stunde in eine Strichliste eintragen, welcher Schüler
sich wie oft meldet. Und am Ende der Unterrichts-
stunde wird eine mündliche Note erteilt. So ein Vorhaben wird von etlichen Schulleitern als professionell
gelobt, weil natürlich angesichts solcher Bedrohun-
gen Ruhe herrscht. Und zum Elternabend holen Pädagogen ihre Notenbücher heraus und sagen: »Hier
steht es schwarz auf weiß!« Was soll das? Es gibt Menschen, die sind ruhiger als andere. Wie wunderbar.
Vielredner sind genauso »richtig« wie Wenigredner.

In den Weiterbildungsveranstaltungen, die ich regelmäßig besuche oder selber anbiete, entsteht gerade dann eine besondere Atmosphäre, Kreativität und
Kraft, wenn sich unterschiedliche Menschen in ihrer
Verschiedenheit nicht nur akzeptieren, sondern wollen. Immer herrscht Einigkeit darüber, dass sowohl
das Individuum als auch die Gruppe davon profitieren,
dass sich die einzelnen Mitglieder in ihrer Einzigar-
tigkeit zeigen dürfen, ohne falsch gemacht zu werden.
Und das bedeutet eben auch, sich beobachtend und
in Stille zurückziehen zu dürfen. Während einige Teilnehmer von Beginn an nahezu jede Gesprächspause
nutzen, um eigene Gedanken in die Runde zu werfen,

melden sich andere über Stunden überhaupt nicht zu Wort. Meine wichtigste Botschaft zu Beginn eines Seminars: »Bitte prüft sehr genau, was ihr heute wollt und was ihr nicht wollt. Ihr müsst meinen Äußerungen weder glauben, noch müsst ihr die Übungen mitmachen, die ich eingeplant habe.« Niemand stört sich daran, wenn Einzelne dann wirklich auf ihrem Stuhl sitzenbleiben, während sich der Rest der Gruppe zu einer Übung in einer Ecke des Raumes trifft. Im Gegenteil: Wir stellen regelmäßig fest, dass es sowohl im privaten als auch im professionellen Bereich zentral wichtig ist, für sich persönliche Verantwortung zu übernehmen. Und die wohl wichtigste Vokabel zur Übernahme persönlicher Verantwortung lautet meines Erachtens: »Nein!«

Niemals käme ich auf die Idee, von Menschen, die mir vertrauen *wollen,* irgendeinen Beitrag auf Kosten ihrer Integrität einzufordern. Und seltener als nie käme ich auf den irrwitzigen Gedanken, einen Teilnehmer zu einem Thema zu befragen, um bei »mangelnder mündlicher Beteiligung« davon zu sprechen, demjenigen zumindest eine faire Chance gegeben zu haben. In Abschlussrunden erlebe ich regelmäßig, dass »stille« Teilnehmer sehr genau, sensibel und in wenigen Worten über das eigene Erleben berichten können. Durch ihre Art, zu denken, zu fühlen und zu sprechen, leisten sie für eine Gemeinschaft einen wertvollen Beitrag. Oft habe ich den Eindruck, dass gerade ruhige Menschen und Menschen, die nicht »wie gedruckt« reden, einen sehr engen Kontakt zu sich haben und authentisch auftreten können.

In unseren Schulen fällt es uns Lehrern unglaublich schwer, Menschen so sein zu lassen, wie sie sind. Wir unterrichten Schüler und bewerten Sichtbares. Permanent missachten wir die Grenzen unserer Schüler. In meinen ersten Dienstjahren verging wohl nicht ein Tag, an dem ich nicht in irgendeiner Form die Integrität von Schülern massiv verletzt hätte. Und wahrscheinlich ging und geht es vielen Kollegen ähnlich wie mir: Ich war mir meiner Grenzüberschreitungen zumeist nicht einmal bewusst. Aus heutiger Sicht, und es ist mir zugegebenermaßen unangenehm, kommt es mir vor, als spräche ich über einen anderen Menschen. So fremd ist mir der Lehrer, der ich einst war.

Aber die Schule ist nur Wegweiser ...

Menschen, die im privaten oder/und beruflichen Kontext intensiv auf Kosten der eigenen Integrität kooperieren, werden auf Dauer in irgendeiner Form »auffällig« und entwickeln Symptome. Insgesamt scheinen wir in diesem Zusammenhang Erwachsenen mehr Akzeptanz entgegenzubringen als Kindern und Jugendlichen. Ein Lehrer, der von Kopfschmerzen, Motivationsproblemen oder einer erhöhten Fehlerfrequenz berichtet und einen Zusammenhang herstellt zu erlebten Integritätsverletzungen durch den Vorgesetzten oder auch durch Schüler, erfährt durchschnittlich deutlich mehr Anerkennung und Zuspruch als ein Schüler mit vergleichbarer Geschichte. Mir erzählten Kinder und Jugendliche regelmäßig davon, dass sie unter schulischen Gegebenheiten und entblößendem Lehrerverhalten litten und bei Gegenwehr ins Visier des Systems gerieten. Sie beschrieben eine Kausalität zwischen dem in Schule Erlebten und aufgetretenen Symptomen. Von Pädagogen und Eltern wurden sie jedoch zumeist der Schauspielerei oder des Grenzenaustestens bezichtigt. Weder wurde ihnen geglaubt, noch geholfen. Sie bekamen Sätze zu hören wie »Das Leben ist kein Zuckerschlecken!« oder »So steht es in den Regeln!«, doch wirkliche Unterstützung erfuhren sie wenig. Aufmerksam werden Erwachsene oft erst dann, wenn Kinder auf laute, unerwünschte und »auffällige« Weise kooperieren. Abhängig von Erwartungen, Moralvorstellungen, Meinungen von Eltern, Pädagogen, Experten, Tante Inge

oder der Nachbarschaft werden »auffällige Auffällig-
keiten« als solche gesehen und zumeist unabhängig
vom Gesamtgeschehen interpretiert. Anstatt sie als
Kooperationsleistung im Sinne einer sozialen Reaktion zu betrachten, werden sie im Regelfall bewertet,
geächtet und bekämpft. »Salonfähige« (weil stille)
Symptome hingegen fallen zumeist nicht weiter auf
und erfahren sogar Wertschätzung.

Beispiel: Kooperationsleistung und »auffällige« Symptome

Der dreizehnjährige Karl drischt in der Schule neuer-
dings mit Fäusten auf Menschen und Gegenstände ein.
Folge: Zum Zwecke der Symptomvernichtung beschlie-
ßen die Lehrer, Sanktionen zu erlassen und Grenzen zu
setzen. Der mögliche Hintergrund bleibt unbeachtet:
Der Vater ist seit Monaten aufgrund beruflichen Drucks
zwar zum Feierabend physisch anwesend, wirkt jedoch
durchweg abwesend. Die Mutter sucht in dem Gefühl
von Einsamkeit immer häufiger die Nähe zum Sohn
und nutzt ihn als »Ersatzpartner«. Regelmäßig erzählt
sie ihm von ihren Befindlichkeiten und Schwierigkeiten. Karl versucht, dem Familiensystem Stabilität zu
verleihen. Er stellt sich auf die Bedürfnisse der Mutter
ein und kompensiert die Abwesenheit des Vaters. Karl
übernimmt somit eine Verantwortung, die ihn überfordert. In der Schule entlädt sich sein inneres Elend. In
Anbetracht seines sichtbaren destruktiven Verhaltens
werden ihm fehlende Verantwortung und mangelnde
Sozialkompetenz vorgeworfen.

Beispiel: Kooperationsleistung und »unauffällige« Symptome

Die zwölfjährige Anja erhält stets herausragende schulische Beurteilungen. Sie benimmt sich immer »richtig«, gerät nie in Streit mit Mitschülern und bei Tisch wartet sie darauf, dass die Mutter fragt: »Möchtest du Nachschlag?« Anja ist auch in der Schule nett, pflegeleicht – und leicht depressiv. Folge: Anja erfährt positive Rückmeldungen, Lob und Bestätigung. Sie wird als »richtig« angesehen, obwohl sie hinter ihrer Fassade einen existentiellen Konflikt durchlebt. Je älter sie wird, desto mehr hat sie den Eindruck, dass mit ihr etwas nicht in Ordnung ist. In Worte fassen kann sie ihre Unordnung nicht. Immer häufiger nimmt sie den kaum zu unterdrückenden Impuls wahr, sich selbst intensiver spüren zu müssen. Das Angebot ihrer Freundin Klara, auch mal an der Zigarette zu ziehen, nimmt sie dankend an. Möglicher Hintergrund: Die im Außen erfolgreiche Mutter leidet seit frühester Kindheit unter Ängsten, die sie durch Leistungen, Anpassung und Kontrolle zu beherrschen versucht. Ihre Tochter Anja will nicht zum belastenden Problem der Mutter werden und orientiert sich an den Angstbewältigungsstrategien der Mutter. In der Schule ist Anja folgsam, fleißig, erfolgreich. Sie ist so sehr auf das Wohlbefinden ihrer Mutter fixiert, dass sie den Bezug zum eigenen Innenleben immer mehr verliert. Ähnlich wie ihre Mutter entwickelt sie ein ungesundes Selbstwertgefühl. Das Wenige, das sie über sich weiß, ist gekoppelt an schlechtes Gewissen und Angst.

Ein Dilemma bei den vorgestellten Beispielgeschichten besteht nach meiner Ansicht darin, dass das

Verhalten des dreizehnjährigen Karls so »auffällig« ist, dass Erwachsene sehr schnell hinschauen und (mehr oder weniger kompetent) aktiv werden. Anja hingegen wird vielleicht erst im Alter von achtunddreißig Jahren bemerken, dass sie den Herausforderungen als Mutter, Personalchefin oder Lehrerin mit den erlernten Überlebensstrategien nicht gewachsen ist.

Während angepasste und ruhige Schüler gemeinhin als verantwortungsvoll, sozial kompetent und gesund eingestuft werden, spüren um ihre Integrität kämpfende Schüler schnell Gegenwind und Druck. Unerwünschte und »laute« Verhaltensweisen machen sich insbesondere auf der sozialen Ebene bemerkbar. Pädagogen in Alarmbereitschaft leiten im Regelfall Schritte zur Symptombekämpfung ein und setzen nahezu alles daran, vernichtenden Einfluss auf »inakzeptable« Verhaltensweisen zu nehmen. Folglich wird das Verschwinden eines symptomatischen Verhaltens als Erfolg bewertet. Ignoriert wird viel zu häufig der existentielle und kommunikative Hintergrund eines Symptoms. Nur wenige Pädagogen sind im Rahmen ihrer Ausbildung befähigt und sensibilisiert worden, Symptome als Botschaften zu verstehen und ihnen dementsprechend aufgeschlossen zu begegnen. Die zentrale Botschaft desjenigen, der ein Symptom trägt, lautet: »Mir geht es nicht gut und ich brauche Unterstützung. Kann mir bitte jemand helfen?« Kinder und Jugendliche werden kaum solche Formulierungen nutzen und dennoch sollten Erwachsene auf sie ein- und zugehen, als hätten sie genau diese Worte gehört: »Du, ich habe den Eindruck, du könntest gerade Unterstützung gebrauchen. Ich würde dir in deinem Leben gerne einen Besuch abstatten. Kannst und willst du mir sagen, wie es dir geht?« Und das heißt auch, sich nicht lange mit einem Symptom zu beschäftigen, denn dieses ist nicht das eigentliche Problem, sondern eine Einladung.

Schulisches Vorgehen aber sieht sich traditionell sozialen und moralischen Standards verpflichtet und weist Verantwortung für existentielle Fragen gemeinhin von sich. Allzu oft geben sich Lehrer und Eltern gegenseitig die Schuld für die Probleme eines Kindes und verstärken das existentielle Dilemma eher, als es an den Wurzeln zu packen. Bei schwerwiegenden und »auffälligen« Normabweichungen schnappt die schulische Diagnose- und Förderfalle zeitnah zu. Mit besorgter Miene und einem Rattenschwanz an »Beweisen« stellen manche Lehrer ihre »Problemschüler« vermeintlichen Experten vor und werfen fragwürdige Behauptungen in den Raum: »Das ist Stefan. Stefan ist ein schwieriger Schüler mit einem Konzentrationsproblem! Er folgt dem Unterrichtsgeschehen trotz etlicher Ermahnungen und Absprachen nicht. Seine derzeitigen Leistungen werden für eine Versetzung nicht ausreichen. In den letzten Wochen störte Stefan mehrfach den Unterricht.« Abgesehen davon, dass es die Diagnose »schwieriger Schüler« nach meinem Kenntnisstand nicht gibt, prägt sehr wahrscheinlich eine schultypische Sichtweise das weitere pädagogische Vorgehen: Alles konzentriert sich auf den Schüler Stefan und dessen Verhalten. Mit diesem Blick sieht kaum jemand den Menschen hinter dem mehr oder weniger Aufsehen erregenden Betragen. Der existentielle Hintergrund seines Konfliktes mit Auswirkungen auf sein Verhalten, seine Konzentration und seine Leistungen bleibt unbeachtet. Wir können nicht mit Gewissheit sagen, in welchen Lebensbereichen Stefan unglücklich ist. Tragfähig ist indessen die Aussage, dass Stefan nicht wirklich geholfen werden kann, indem er auf sein Verhalten reduziert und zum Problem gemacht wird. Stattdessen sollten sich die wichtigsten Bezugspersonen mit Stefan zusammensetzen und in Dialog darüber gehen, was seine Existenz im Hier und Jetzt ausmacht. Unter Umständen stellen die Erwachsenen fest, dass sie in der Vergangenheit selbst, ohne es gewusst und gewollt zu haben, Stefans Leben erschwerten. Was zunächst wie eine Schuldzuweisung klingen mag – genau das ist nicht mein Anliegen – erweist sich bei genauerer Betrachtung möglicherweise als realistische Chance, Stefan zu helfen. In dem Moment nämlich, in dem die wichtigen Erwachsenen den eigenen subjektiven Faktor zumindest in Erwägung ziehen, befreien sie Stefan aus der Isolationshaft. Stefan macht die wunderbare und entlastende Erfahrung, dass »seine« Erwachsenen zur Übernahme gemeinsamer Verantwortung zusammenkommen. Das allein kann bereits viel mehr bewirken als jeder Lösungsvorschlag. Stefan sitzt nicht mehr auf der Anklagebank. Die neue Ausgangsperspektive schließt die Schuldfrage aus und Stefans Gesamtsystem inklusive der bedeutsamen Bezugspersonen mit ein.

Lehrer sind Profis darin, andere Menschen anhand bestimmter Kriterien zu bewerten und zu kategorisieren, verhalten sich allerdings wie Amateure, wenn sie aufgefordert sind, das eigene Verhalten zu hinterfragen und einen möglicherweise ungünstigen Einfluss auf die Beziehungen zu Kindern und Jugendlichen und damit auf deren Wohlbefinden zu bedenken. Möglicherweise sind Stefans Lehrer nicht in der Lage oder nicht willens, mit ihm eine gleichwürdige und von Respekt geprägte Beziehung einzugehen. Sie sind vielleicht davon überzeugt, dass sie als Lehrer per Definition immer alles richtig machen, Autoritätspersonen sind und ein verbrieftes Recht darauf haben, als solche respektiert zu werden. Das hieße, dass Stefan seinen Lehrern gegenüber Respekt zollen müsste, bevor sie ihm respektvoll begegnen. Stefan trüge damit sowohl die Verantwortung für die Qualität der Beziehung als auch für die Werte seiner Lehrer. Denn: Stefans Verhalten entschiede darüber, ob seine Lehrer ihren Wert *Respekt* leben »könnten« oder nicht. Stefan wäre gezwungen, sich den Erwartungen der Pädagogen unterzuordnen, damit sie ihm wieder wohlgesonnen sind.

Lehrer verfügen nicht zuletzt aufgrund ihres Lebensalters über die Fähigkeit, ihrem Tun einen Hauch von Professionalität zu verleihen und eigene Aggressionen hinter einer Fassade aus Freundlichkeit geschickt an Schülern auszuleben. Zwar glaube ich noch immer, dass in Schule die wenigsten Grenzverletzungen durch Erwachsene vorsätzlich begangen werden. Das ändert aber nichts daran, dass Schüler wie Stefan schnell in destruktive Konfliktfelder geraten können, weil sie mit Lehrern kooperieren müssen, die ihre Verantwortung für die Beziehungen nicht übernehmen. Um zu überleben, nehmen Unmengen an Schülern jeden Tag eine Verteidigungshaltung ein.

Unter solchen Voraussetzungen können sich Schüler nicht mit voller Aufmerksamkeit auf schulische Inhalte einlassen. Die Folgen sind für mich offensichtlich und ich halte es für desolat, dass jungen Menschen ein Problem daraus gemacht wird, wenn sie aufgrund ungünstiger Umweltfaktoren ihre Fähigkeiten nicht einbringen oder kaum weiterentwickeln können. Kinder und Jugendliche leiden unter dem Einfluss verantwortungsloser Erwachsener und bringen Symptome hervor, denen wir in Schule noch immer mit Sanktionen, Maßnahmen oder auch Medikamenten begegnen. Laut einer vom Bundesinstitut für Arzneimittel und Medizinprodukte durchgeführten Studie hat die Verschreibung von Methylphenidat, dem Wirkstoff von Ritalin, allein in der Zeit von 1993 bis 2007 um 3590 Prozent zugenommen.[1] Ich lege mich fest: Das entbehrt jeder Grundlage. Ich vertrete die Meinung, dass wir uns zu einem klaren »Nein« zum inflationären Gebrauch symptomvernichtender Medikamente bekennen sollten. Anstatt die Suche nach Allheilmitteln zur Symptomvernichtung zu beschleunigen, sollten wir uns in Ruhe über mögliche Alternativen zu althergebrachten Problemlösestrategien ins Benehmen setzen. An dieser Stelle geht es nach meiner Überzeugung um eine kritische, wenn auch freundliche Auseinandersetzung mit den eigenen Perspektiven und Haltungen. Das ist für Pädagogen eine große Herausforderung, denn schließlich wollen sie ihr Können unter Beweis stellen und nicht die eigenen Konzepte hinterfragen oder hinterfragt bekommen. Hinzu kommt: Lehrer, die sich fachper-

---

1 Largo, Remo H.; Beglinger, Martin: *Schülerjahre.*

sönlich weiterentwickeln wollen, brauchen Zuspruch, professionelle Begleitung und Zeit. Solche Voraussetzungen bieten unsere Schulen für gewöhnlich nicht!

Festhalten will ich, dass sich bereits der Entschluss eines Lehrers zur Neuorientierung und Weiterentwicklung positiv auf das eigene Selbstverständnis und die Arbeit mit Kindern und Jugendlichen auswirken kann. Ein Pädagoge, der seine Definitionsmacht hinterfragt und Verantwortung für sich und die Beziehungen zu jungen Menschen übernehmen *will,* ist ein Hauptgewinn für Schüler und Eltern. Ein Lehrer, der sich hinter einer Rolle verschanzt und Führung als Auftrag versteht, Kinder gehorsam, willenlos und funktionstüchtig zu machen, provoziert Angst, Abwehrmechanismen und in der Folge Symptome.

Da in vielen Schulen mit Hilfe von Drohungen, Bloßstellungen, Angstszenarien, Strafen oder Lob das Eigene zum Zwecke der Anpassung unterdrückt wird, können wir davon ausgehen, dass Schule ein ziemlich deprimierender (»deprimere«: unter anderem »niederdrücken«) Ort sein kann. Menschen wird vorgegaukelt, es ginge um sie und ihr Leben, während sie gleichzeitig von sich selbst entfernt werden. Weil wir uns aber so sehr daran gewöhnt haben, dass Schule eine Institution ist, in der Menschen passend gemacht werden, fallen die gängigen destruktiven Mechanismen nicht besonders auf.

Symptome dessen, was Wolf Büntig unter der *normale Depression* versteht, können sein: gedrückte Stimmung, gehemmter Antrieb, Interesselosigkeit,

Freudlosigkeit, gestörter Selbstwert, Abschwächung der Gefühle für andere, Schwund von emotionaler Resonanz, Gefühl der Gefühllosigkeit (die Menschen leiden daran, dass sie nicht fühlen können), Minderwertigkeit, Schuldgefühle, Müdigkeit, Konzentrationsprobleme, Ängstlichkeit, Hilf- und Hoffnungslosigkeit, Reizbarkeit, sinnloses Gedankenkreisen, Passivität, Schlaflosigkeit, verlangsamte Bewegung, verstärkte Infektanfälligkeit, Suizidneigung.[2]

Ich bin kein Arzt oder Neurobiologe, sondern Lehrer und ehemaliger Schüler. Sicher hat die Diagnose ADHS eine Berechtigung und für Betroffene ist es wunderbar, wenn Professionelle sich auf den Weg machen, um notwendige Unterstützungsangebote zu entwickeln. Jedoch stelle ich massiv in Frage, dass sämtliche Kinder, denen ADHS bescheinigt wurde, wirklich ein entsprechendes Krankheitsbild haben. Heute erhalten nahezu alle Kinder, die nicht innerhalb der Toleranzwerte unseres Normenkataloges liegen, irgendeine Diagnose. Oft ADHS. Das klingt so verantwortungsvoll. Und entlässt die verantwortlichen Erwachsenen aus ihrer Verantwortung. Mittlerweile gibt es mehr Kinder, die in irgendwelche Arztpraxen, Therapien, »Lernen-lernen-Veranstaltungen«, Diagnose-Verfahren, Nachhilfe-Institute geschickt werden, als Kinder, die keine »Förderung« beziehen. Häufig werden entsprechende Schritte von Lehrern eingeleitet, die hundertprozentig identifiziert sind mit ihren Überlegungen und Schlussfolgerungen. Ich weiß sehr genau, wie so etwas ablaufen kann:

2 Büntig, Wolf: *Aggression und Depression.*

»Der Max ist so unkonzentriert, wirkt so orientierungslos. Ich glaube, der muss mal auf ADHS überprüft werden ...« Schnell kommen Experten und gehen ihrem Expertentum nach. Etliche (nicht alle!) Experten handeln nach dem Motto: »Mit einem Hammer in der Hand sieht alles aus wie ein Nagel.« Experten sind häufig Menschen, die viel über wenig wissen und ihr Können zur Anwendung bringen *wollen.* Zu Rate gezogen werden sie zumeist von Lehrern, die nicht mehr weiterwissen und die ihre Professionalität durch Abgabe von Verantwortung unter Beweis stellen wollen. Lebensgeschichten von Kindern und Jugendlichen werden zum Teil massiv beeinflusst auf Geheiß von Lehrern, deren Qualifikationen sehr überschaubar sind. Ganz ehrlich? Wäre ich heute Kind unter den gegenwärtigen Bedingungen, hätte ich unter Garantie ADHS, LRS, Dyskalkulie, Schulfrust und unfassbar viel schlechte Laune. Ich behaupte ganz bestimmt nicht, dass Lehrer mit Absicht Unsinn verzapfen. Aber sie bedienen pflichtbewusst ein krankmachendes Schul- und Fördersystem, das NICHT für Menschen gemacht ist, obwohl es sich rühmt, für Menschen da zu sein.

Schule soll auf Leben vorbereiten. Ich bin mit dieser Perspektive einverstanden unter der Voraussetzung, dass die verantwortlichen Erwachsenen ihre Beziehung zum Leben beziehungsweise zum »Ernst des Lebens« nicht vollautomatisch auf der Basis konditionierter und unbewusster Reaktionsmuster bestimmen und zur Kooperation »freigeben«. Wir müssen Schule nicht zwangsläufig zu einer Institution machen, in der junge Menschen von Erwachsenen Überlebensstrategien erlernen, also unbewusste Strategien zur Befriedigung unbewusster Bedürfnisse. Überlebensstrategien sind passiv und von Angst durchdrungen.

Von welcher Motivation wird unser Lernanliegen getragen? Ist es die Angst davor, dass Schüler im späteren Leben »unter die Räder« kommen können? In diesem Falle wäre schulisches Lernen eine Art Präventionsschlag gegen Misserfolge. Oder verstehen wir schulisches Lernen als eine Reise, auf der Menschen sich vom Leben begeistern lassen? In diesem Bild könnte Schule eine Art Landkarte sein, deren Hinweise dem Reisenden dienen und weniger dem Landkarten-Produzenten. Die Landkarte könnte jungen Menschen je nach Situation, Geschick, Überzeugung und innerer Legende zur Schatzkarte werden. Sie bliebe jedoch ein Ding und der Mensch bliebe Mensch und damit der Landkarte übergeordnet. Alle Hinweise der Landkarte wären Optionen. Fakt ist aber, dass in den Bildungsbiographien der meisten Schüler die Wege begradigt und dadurch vorhersehbar werden. In unseren Schulen wollen wir überraschungsfreie Entwicklungen.

Zur Bedeutung des Themas Religion schrieb Willigis Jäger:

»Aber die Religion ist mir nur Wegweiser, nicht Ziel. Wenn ich erkenne, dass der Wegweiser sich zu wichtig nimmt und mich aufhalten möchte, werde ich ihm nicht folgen.«[3]

Ich formuliere die Passage um:

»Aber die Schule ist nur Wegweiser, nicht Ziel. Wenn ich (der Schüler) erkenne, dass der Wegweiser sich zu wichtig nimmt und mich aufhalten möchte, werde ich ihm nicht folgen.«

In meiner Arbeit mit Lehrern mache ich immer wieder die Erfahrung, dass viele meiner Kollegen eigentlich etwas ganz anderes wollen als das, was sie im Schulalltag erleben und tun. Diverse Faktoren spielen dabei nach Aussagen der Befragten eine wichtige Rolle. Was jedoch fast alle Kollegen zum Ausdruck bringen: Schule ist gegenwärtig ein Ort, an dem Druck, Angst und Zeitmangel allgegenwärtig sind und unmöglich machen, was möglich schien, bevor man Lehrer geworden war. Die meisten Lehrer waren, als sie den Entschluss fassten, Lehrer werden zu wollen, davon überzeugt, »es« anders machen zu werden als ihre Lehrer, und ertappten sich eines Tages dabei, dass sie genauso geworden waren wie die Lehrer, die sie nie werden wollten. Aus neurobiologischer Sicht ist es durchaus nachvollziehbar, wenn Menschen unter bestimmten Voraussetzungen in alte Muster zurückfallen. Ist der Stresspegel von Lehrern (und Schülern) hoch, wird im Körper unter anderem das Hormon Kortisol freigesetzt, das die Amygdala (Angstzentrum) aktiviert. Menschen greifen in dauerhafter Alarmbereitschaft auf altbewährte Überlebensstrategien be-

3 Jäger, Willigis: *Die Welle ist das Meer. Mystische Spiritualität.*

ziehungsweise archaische Notfallprogramme (Gerald Hüther) zurück und pendeln zwischen Angriff, Flucht und Erstarrung. Im »Vollautomatik-Modus« verlieren Menschen ihren Kontakt zu den eigenen empathischen Gefühlen und distanzieren sich ungewollt von den wesensgemäßen »echten« Werten. So kommt es vor, dass ein Lehrer, dem der Wert *Respekt* überaus wichtig ist, im Alltag weder sich noch seinen Schülern Respekt entgegenbringt. Und es ist für einen Lehrer – ich spreche aus Erfahrung – unglaublich deprimierend und kräftezehrend, wenn man erkennt, dass zwischen dem, was man will und dem, was man tut, ein riesengroßer Unterschied besteht.

Eine absurde Systemschwäche besteht nach meiner Überzeugung darin, dass Lehrer weder im Rahmen der Ausbildung, noch als »fertige« Lehrer befähigt werden, sich selbst auch in stürmischen Zeiten zur Seite zu stehen. Dabei ist dieser Punkt so unglaublich wichtig, denn die Fähigkeit des Lehrers, die Integrität von Schülern und Eltern zu achten, entwickelt sich proportional zur Selbstführungskompetenz.

Unerledigte biographische Angelegenheiten

Wir Lehrer werden in unserem professionellen Wirken durchweg von biographischen Angelegenheiten beeinflusst und es ist davon auszugehen, dass viele dieser Angelegenheiten unerledigt sind. Wenn wir Rechnungen ignorieren und in der hintersten Ecke des Schreibtisches verstauen, bekommen wir eines Tages, gemeinhin zu sehr ungünstigen Zeiten, saftige Rechnungen einschließlich Zinsen. Ähnlich verhält es sich mit biographischen, unerledigten Angelegenheiten. Eine Zeitlang scheinen sie nicht zu existieren. Wir wissen vielleicht nicht einmal um ihre Existenz. Plötzlich aber, meistens durch einen äußeren Impuls, beispielsweise durch ein bestimmtes Schülerverhalten, kommen sie in geballter Form an die Oberfläche und hindern uns daran, die Lehrer zu sein, die wir sein wollen. Gewohnheitsmäßig und mit dem Segen der meisten Kollegen und Schulleiter stürzen wir uns auf entsprechende Schüler und maßregeln sie mit einer Intensität, die im umgekehrten Fall sehr wahrscheinlich zu sofortigen Disziplinierungsmaßnahmen führen würde. Wir geraten in eine Art Altersregression. Plötzlich sind wir wieder fünf Jahre alt und reagieren als diejenigen Kinder, die wir waren, als das an die Oberfläche geflutete Reaktionsmuster entstand. Wir sind beleidigt, schimpfen, weinen, stampfen mit den Füßen, schmeißen mit Türen oder hauen mit der Faust auf den Tisch. Das kann passieren. Wir müssen jedoch Acht geben, die Verantwortung für uns und unsere ungeklärten Angelegenheiten nicht auf Schüler und deren Eltern zu übertragen, indem wir ihnen die Schuld für unsere Reaktionen geben. Würden wir einem Postboten die Schuld für die von ihm zugestellte Rechnung geben?

Schon immer schien es »normal« zu sein, dass Kinder und Jugendliche in Schule nicht viel zu lachen hatten. Schließlich begann mit der Schulzeit der »Ernst des Lebens«. Die Situation an unseren Schulen hat sich in den letzten Jahren dramatisch zugespitzt und mir kommt es so vor, als hätte sich die alte Prophezeiung erfüllt: Es *ist* sehr ernst. Oder: Der Ernstfall ist eingetreten. Auch bei den Erwachsenen sind zunehmend Menschen mit schweren Verletzungen anzutreffen und wir müssen uns unbedingt darüber austauschen, wie wir Lehrer einladen und ermutigen können, besser für sich und letztlich auch für Schüler zu sorgen. Ich weiß, dass dieser Punkt im Regelfall Zustimmung erfährt. Schnell werden dann Vorwürfe und Erwartungshaltungen in Richtung Politik und Schulverwaltung formuliert. Und wir müssen wirklich deutlich festhalten, dass unser Schulsystem aufgrund seiner Machart bereits ein potentiell krankmachendes und symptomaufrechterhaltendes, ja sogar symptomerschaffendes System ist. Daher halte ich es für unumgänglich, Missstände, Kritik und Erfahrungen von der Basis »nach oben« zu kommunizieren. In der Folge müssen selbstverständlich Gespräche stattfinden über Lehrereinstellungen, Lehrergehalt, veränderte Strukturen, Ganztagsschulen, Entschlackung der Lehrpläne, ein höheres Budget, alternative Unterrichtskonzepte, mehr Selbstbestimmung und Möglichkeiten zur Supervision. Aus der Sicht eines

Lehrers will ich jedoch hinzufügen, dass wir Lehrer die Verantwortung für uns und unser inneres Wohlergehen weder abgeben dürfen an politische und bürokratische Entscheidungsträger noch an »unerreichbare« Schüler und deren Eltern. Weder die Menschen »über« uns noch »unter« uns sind verantwortlich dafür, was sich *in* uns abspielt. Heilen können wir uns nur selbst. Wenn wir allerdings im Zuge einer Art Standortbestimmung feststellen sollten, dass wir für uns und das Wohlergehen aller bestimmte Rahmenbedingungen benötigen, dann sollten wir, ohne in die Schlacht zu ziehen, für unsere Anliegen einstehen. Wir wissen zum Beispiel, dass der Zeitfaktor erheblichen Einfluss nimmt auf unsere Bereitschaft, empathisch auf Mitmenschen zu- und einzugehen. In unseren Schulen gilt allerdings die Devise »Zeit ist Geld beziehungsweise Lernen«. Wir brauchen ganz dringend einen anderen, einen entschleunigten Umgang mit Zeit. Um uns unseren unerledigten Angelegenheiten zu widmen, brauchen wir Zeit. Dennoch: Zeit ist lediglich ein Faktor. Mehr nicht. Zeit löst nicht automatisch biographische Probleme.

Vieles von dem, was Lehrer aus der Balance bringt und kränkt, wird durch Schule ohne Frage verstärkt. Ich bezeichne Schule deswegen auch gerne als Receiver. Und manchmal hat der Receiver eine so hohe Leistung, dass in Lehrern Verhaltensweisen aktiviert werden, die bis dahin lediglich als genetische Optionen zur Verfügung standen oder seit Jahrzehnten im Verborgenen schlummerten. Das unterwürfige Verhalten vieler Lehrer entsteht nicht durch das schulische Umfeld, sondern ist nach meiner Überzeugung ein in der Kindheit erlerntes Verhaltensmuster, das durch Schule und den dort geforderten Gehorsam reaktiviert und verstärkt wird. Wir Lehrer arbeiten unter teilweise erbärmlichen und krankmachenden Bedingungen und lassen es zu. Wir gehorchen! Das bereits gehört zum Krankheitsbild einer normalen Depression. Wir sollten uns regelmäßig an ungehorsamen Schülern ein Beispiel nehmen und uns (im Idealfall gemeinsam mit Eltern) zu der Aussage bekennen: »Das machen wir nicht mehr mit! Wir wollen es anders!« Ich glaube, dass unserer Gesundheit nichts zuträglicher ist als die Fähigkeit, »Nein« zu sagen, wenn auf der anderen Seite ein »Ja« bedeuten würde, sich und seine Integrität zu verleugnen. Aber zum Neinsagen wurden wir während unserer Kindheit, Schulzeit, und Lehrerausbildung nicht ermutigt. An unseren Schulen fehlt es den meisten Führungskräften an Verantwortung für die eigene persönliche und berufliche Integrität und damit fehlt diesen Menschen auch der Sinn für die Integrität derjenigen, die sie führen sollen. Unzählige Lehrer gehen mit äußerst ungesunden inneren Programmen ihrer Arbeit nach. Sie leisten viel, missachten eigene Grenzen, opfern sich auf und werden eines Tages krank. Lehrer sollen Führungskräfte sein. Nur kann kein Mensch andere Menschen verantwortungsvoll führen, ohne ausreichend Selbstführungskompetenz entwickelt zu haben.

Wir alle, die wir Lehrer geworden sind, bringen eine Biographie mit, mit der wir uns keineswegs automatisch ausgesöhnt haben, einfach nur, weil wir Lehrer geworden sind. Die Pointe besteht nun aber gerade darin, seine eigene Geschichte in seinem professionellen Tun nicht etwa künstlich auszublenden. In meiner Ausbildung hieß es noch, als Lehrer müsse man in der Lage sein, in die Rolle des Lehrers zu schlüpfen und Persönliches an der Garderobe abzugeben. Genau das geht heutzutage nicht mehr. Lehrer, die sich hinter ihrer Rolle verkriechen und ihre Autorität ausschließlich über diese Rolle und die entsprechenden Machtbefugnisse definieren, werden heutzutage solange von Kindern und Jugendlichen »unter Beschuss genommen«, bis sie sich als Menschen aus Fleisch und Blut zeigen. Im schulischen Umfeld bedauern viele Menschen, dass Kinder, Jugendliche und Eltern vor der rollenbedingten Autorität der Lehrer nicht mehr wie selbstverständlich zurückweichen. Sie glauben, hier ein deutliches Zeichen für Respektlosigkeit, einen eklatanten Werteverfall und eine Bedrohung der Gesellschaft ausmachen zu können. Wir können diesen Punkt sehr gerne besprechen und ich will die Ängste anerkennen, die meiner Überzeugung nach hinter solchen Ansichten stecken. Aber unabhängig davon, was wir für gut oder weniger gut befinden, müssen wir konstatieren: Wir können romantische Vorstellungen über die »guten, alten Zeiten« haben, aber diese Zeiten sind unwiderruflich vorbei.

Das Thema unerledigte, biographische Angelegenheiten darf nicht einfach eine Randnotiz bleiben, sondern muss als professionelles und konkretes Anliegen in den Schulkontext eingewoben werden. Lehrer müssen regelmäßig in geschützte Räume eingeladen werden, innerhalb derer sie sich mit Hilfe empathischer Unterstützung Selbstempathie spenden dürfen. Wenn Lehrer lernen, nach innen zu gehen und das zu respektieren, was sie dort vorfinden, werden sie, so meine Überzeugung, das innere Bedürfnis entdecken, Verantwortung für sich zu übernehmen und die Integrität anderer anzuerkennen.

Ein »professionelles« Elterngespräch

Wenn ich im Laufe der Zeit immer mehr über mich weiß, kann ich mich angesichts eines Konfliktes mit Schülern oder auch Eltern verantwortungsvoller der Frage stellen, welchen konstruktiven oder destruktiven Beitrag ich in der Beziehung gerade leiste. Zu glauben, dass immer ausschließlich Schüler oder Eltern negativen Einfluss auf Beziehungen ausüben, zeugt von Unreife und Arroganz.

Im Unterschied zum Umgang mit Konflikten während meiner ersten Lehrerjahre kann ich mich heute trotz großer innerer Erregung irgendwann von Geschehnissen distanzieren und von außen einen aufmerksamen Blick auf mich und die Beziehung zu meinen Mitmenschen werfen. Manchen inneren und äußeren Konflikt konnte ich aus der Perspektive eines Beobachters deutlich entschärfen.

Beispiel:

Nadine Meifert war eine Zweitklässlerin, die fröhlich und interessiert ihren Schulalltag bestritt. Sie entwickelte sich aus meiner Sicht prima und ich freute mich über ihren Werdegang. An einigen Tagen wirkte sie nachdenklich und verträumt, was für die Eltern, jedoch nicht für mich ein Problem darstellte. Meine Überzeugung: Warum sollen Kinder in Schule nicht nachdenken und träumen dürfen? Eines Tages, nachdem Nadines Mutter bereits im Unterricht hospitiert hatte, begrüßte ich

Mutter und Vater Meifert zum Elterngespräch. Schnell
fühlte ich mich unwohl. Inhaltlich kamen wir nicht so
recht auf einen Nenner. Der Vater forderte mehr Disziplin und Ehrgeiz, während ich argumentierte, an dieser
Schule werde Wert auf Individualität und Selbstän-
digkeit gelegt. Ich fühlte mich trotz meiner Argumente
klein und war nicht in der Lage, mich empathisch auf
die Anliegen meiner Gesprächspartner einzustellen. Ein
Lehrer, das hatte ich gelernt, sollte vor allem gut zuhören können. Ich hörte die Worte des Vaters, konnte
ihm jedoch nicht wirklich zuhören. Zu sehr war ich mit
mir und meinen Abwehrmechanismen beschäftigt. Das
Gespräch zog sich über zwei Stunden hin und am Ende
wusste ich nicht, was wir eigentlich besprochen und be-
schlossen hatten. Mit belastenden Gefühlen beendete
ich das Gespräch und später den Tag. Ein paar Monate
später, mittlerweile war ich nicht mehr Lehrer von Nadine, traf ich den Vater im Schulflur. Wieder überkamen
mich Gefühle, die ich nicht einordnen konnte. Die Situation irritierte mich. Ich begab mich mit einem Kaffee
in eine ruhige Ecke und dachte erstmals anders über
meine reflexartigen Gefühle nach. Ging es in dem Verhältnis zum Vater Meifert wirklich um Nadine, Schule
und Disziplin? Oder gab es noch etwas anderes, was
es zu bedenken galt? »Warum«, fragte ich mich, »füh-
le ich mich so klein?« Die Antwort kam sehr plötzlich:
»Weil er so groß ist!« Innerhalb von Sekunden wurde mir
klar, dass Vater Meifert etwas ausstrahlte, was mich
einschüchterte. Er aktivierte meine Kleinheitsgefühle.
Vater Meifert war eine beeindruckende Erscheinung. Er
maß mindestens 1,95 Meter, war etwas korpulent und
strahlte auf mich eine kaum auszuhaltende männliche
Autorität aus. Als mir dieser Zusammenhang klar ge-

worden war, fielen mir weitere Situationen ein, in denen ich mich in Gegenwart autoritär wirkender Männer wie ein schwaches, kleines Kind gefühlt hatte. Damals, als ich mich an der Tasse Kaffee festhielt, dachte ich nur, ich sei ein Versager. Hoffentlich würde niemand merken, wie klein und schwach ich eigentlich war. An Kollegen wandte ich mich selbstverständlich nicht. Heute weiß ich, dass alle Lehrer, obwohl sie erwachsen sind, noch immer das innere Kind mit sich herumtragen und damit auch die Gefühle, die sie während der Kindheit empfunden haben. In der Lehrerausbildung hatte ich nichts darüber erfahren, dass meine Vorgeschichte immer auf mein Wirken als Lehrer Einfluss haben würde. Stattdessen begab ich mich auf das Terrain der Verurteilungen und Projektionen. Ich weiß noch, dass ich am Tag nach dem beschriebenen Elterngespräch mit Familie Meifert in unserer Schulküche im Beisein einiger Kollegen gegen die Eltern polterte. Nichts ließ ich aus. Ich beschwerte mich über die erbärmlichen Ansichten und die altbackenen Erziehungsmethoden. Sogar über die Frisur von Mutter Meifert zog ich her. Eigentlich sprach ich über mich – ich hatte Angst vor Nadines Vater.

Oft bin ich in meinen ersten Jahren als Lehrer in Konflikte geraten, ohne auch nur einen Gedanken daran zu verschwenden, ob es so etwas wie einen subjektiven Faktor geben könnte. Mein Lehrer-Selbstverständnis war insgesamt sehr vage: Ich wollte »es« irgendwie anders machen als die Lehrer meiner Schulzeit. Freundlicher wollte ich sein, nicht so streng und strafend. Aber trotzdem sollten Kinder unter dem Strich genau das machen, was ich will. Und so bediente ich mich, angefeuert durch etablierte Kol-

legen und das, was »man« so tut, eines altbewährten
und auf dem schulischen Parkett akzeptierten Impe-
rativs: »Alles hört auf mein Kommando!«

Die versteckte Forderung nach Gehorsam

Vor Jahren berichtete eine Lehrerin während einer Dienstberatung über eine von ihr besuchte Fortbildung zum Thema Bewegte Schule. Sie sprach über mögliche nachhaltige Effekte, wenn Schüler während des Unterrichts ihrem Bewegungsdrang nachgehen dürften. Den anwesenden Kollegen wurde ein Überblick über die Thematik dargeboten und die spontanen Reaktionen zeugten von Offenheit und Tatendrang. Ich freute mich über diesen Impuls und den Bezug zur Gehirnforschung. Nachdem die Lehrerin mehrere praktische Unterrichtsbeispiele vorgestellt hatte, meldeten sich einige Kollegen zu Wort. Sie befänden die Ideen für grundsätzlich gut, allerdings ständen sie aufgrund des Lehrplans unter einem immensen Zeitdruck und wenn sie ihr Pensum nicht schaffen würden, bekämen sie bald Hospitations-Besuch durch den Schulleiter.

Ich will die genannten Bedenken keineswegs in irgendeiner Form außer Kraft setzen. Auf alle Fälle stehen wir Lehrer unter Druck. An Schulen, an denen Kollegen Jahrespläne aufstellen (müssen), das Klassenbuch wichtiger zu sein scheint als Schüler und der Hinweis des Schulleiters »Können Sie bitte mal in mein Büro kommen?« bedeutet, man habe seinen Plan nicht eingehalten, fehlt Zeit an allen Ecken und Enden. Aber, und darauf will ich hinaus, wir Lehrer sind nicht Erfüllungsgehilfen oder Befehlsempfänger. Es mag etwas naiv klingen, aber ich bin der festen

Überzeugung, dass Gesetze, Lehrpläne und sonstige Bestimmungen in erster Linie dienenden Charakter haben sollten. Immer wenn wir unser Handeln oder Nichthandeln mit der Hilflosigkeit dem System gegenüber zu begründen versuchen, geben wir die Verantwortung für uns, unsere Schüler und Schule insgesamt ab. Wir tragen in hohem Maße Verantwortung dafür, wie die Idee Schule umgesetzt wird. Das System Schule ist nicht etwas außerhalb von uns. Die Aussage »Das System muss sich ändern!« bedeutet immer (auch), dass wir uns bewegen müssen.

Gehorsame Pädagogen werden von der Idee des Gehorsams angetrieben und prägen Kinder und Jugendliche dementsprechend. Möglicherweise sprechen wir heute nicht mehr davon, Kinder gehorsam zu machen. Wir verklausulieren unseren Wunsch nach gehorsamen Kindern und Jugendlichen durch vermeintliche Fachbegriffe wie Motivation, Erwartungshaltung und Sozialkompetenz. Aber selbst ein verändertes Vokabular kann nach meiner Einschätzung nicht darüber hinwegtäuschen, dass wir noch immer vom Anpassungs- und Unterwürfigkeitsdenken durchdrungen sind, ohne – und das will ich ausdrücklich betonen – uns dessen bewusst zu sein.

Unsere Schulen beziehungsweise die für Schule Verantwortlichen sind vielerorts infiziert von der Überzeugung, dass gehorsame Kinder und Jugendliche Ausdruck und Ergebnis erfolgreichen pädagogischen Handelns seien. Jeder kennt Sätze wie: »Die Klasse 6 ist immer sehr unruhig!« Vollautomatisch läuft eine Bewertung ab. Unruhe ist grundsätzlich schlecht und ein Indiz für unprofessionelles Lehrerverhalten oder verhaltensauffällige Schüler, die wir nicht in den Griff bekommen. Da müssen wir unbedingt handeln. Böse Unruhe! Was wir »für die Kinder machen« nennen, entpuppt sich nicht selten als »Imagepflege des Lehrers«.

Vor einiger Zeit saß mir eine junge Kollegin gegenüber und unter Tränen gestand sie, dass ihre Schüler immer so unruhig seien. Sie war der festen Überzeugung, deswegen eine schlechte Lehrerin zu sein. Was, fragte sie mich, könne sie tun, damit ihre Schüler ruhiger werden. Sie wünschte sich Methoden. Ich schlug vor, einen neuen Gedanken zu denken: »Vielleicht sind die Schüler bei dir unruhig, weil sie sich in deiner Gegenwart geborgen fühlen und sich trauen. Frag sie doch mal.« Ihre Gesichtszüge entspannten sich merklich. Methoden nannte ich ihr nicht.

In den meisten Einrichtungen ist Gehorsam nach wie vor die inoffiziell wichtigste Währung. Nach Arno Gruen bedeutet Gehorsam »die Unterwerfung unter den Willen eines anderen. Dieser Andere übt Macht über den Unterworfenen aus.«[1] Vieles von dem, was wir heute in unseren Schulen machen und wie wir auftreten, wirkt im Vergleich zu früher neu, modern, kommunikativer, bunter, netter und professioneller. Wir lächeln häufiger, »bitten« Eltern in kürzeren Abständen zu Gesprächen, nutzen Whiteboards und sprechen von Konsequenzen anstatt von Strafen. Im Kern jedoch hat sich die grundsätzliche Ausrichtung

---

1 Gruen, Arno: *Wider den Gehorsam.*

der geläufigen Schulpädagogik nicht wesentlich weiterentwickelt: Ruhige und gehorsame Schüler (und Eltern) sind richtig. Unruhige und ungehorsame Schüler (und Eltern) sind falsch. Und wir tun nahezu alles, was in unserer Macht steht, damit Kinder und Jugendliche (und Eltern) richtig, also ruhig und gehorsam sind. Besonders beliebt sind demzufolge Schüler (und Eltern), die sich nicht auflehnen, sondern folgsam, ruhig und leicht depressiv sind. Nur selten geht es in Schule professionell um die Frage, *warum* Kinder und Jugendliche sich an unsere Erwartungen anzupassen haben. So ist das halt und im »späteren Leben« kann man ja auch nicht machen, was man will. (Also muss man machen, was andere wollen?) Die existentielle und für mich eindeutig übergeordnete Dimension wird auf Kosten der schulisch-inhaltlichen Dimension in den Hintergrund gedrängt. Unser Vorgehen als Pädagogen rechtfertigen wir an der Oberfläche fast ausschließlich über die inhaltliche Dimension. Der Zweck heiligt die Mittel. Kollateralschäden sind in Kauf zu nehmen. Die Angst davor, dass wir nicht ernst genommen werden und Kinder in und nach Schule scheitern, ist riesengroß. Und so gelten sehr alte pädagogische Naturgesetze, die, gepaart mit moralisierenden und übernommenen Überzeugungen, das Miteinander und die Abläufe bestimmen.

Beispiele:

»Ihr müsst leise sein! Das Aufstehen ist während der Arbeitsphase nicht erlaubt! So etwas wird hier nicht diskutiert! Seid nett zueinander! Das gehört sich nicht. Das Trinken im Unterricht ist untersagt!

Wir streiten uns nicht. Du musst fragen, wenn du auf die Toilette gehst. Aber denk dran: Nur einmal vor der großen Pause!« (Mir war das irgendwann zu blöd und als sich dann ein Mädchen im Alter von dreizehn Jahren meldete und mich fragte, ob sie auf die Toilette gehen dürfe, sagte ich ihr und dem Rest der Klasse: »Schluss jetzt! Niemand fragt mich mehr. Steht einfach auf und geht!«)

Nicht, dass hier ein falsches Bild entsteht. Ich stelle nicht in Frage, ob wir in Schule ein gewisses Regelwerk brauchen oder nicht. Ein Lehrer sollte klar sagen können: »That's my rule!« Genauso klar sollte er sich allerdings über seine wirklichen Motive sein. Um Abläufe zu ermöglichen und einen für alle verbindlichen Rahmen zu schaffen, brauchen wir einige Festlegungen. Die Symbiose aus fragwürdigen »So-macht-man-das-Bestimmungen« und institutionellen, zementierten Vorgaben halte ich jedoch für absurd und gefährlich.

Der Umkehrschluss meiner Überlegungen lautet nicht etwa, dass ab sofort unruhige und ungehorsame Kinder (und Eltern) richtig seien. Kinder (und Eltern) *sind*. Ungehorsames Verhalten von Kindern ist oft Grundvoraussetzung zur Ausbildung einer eigenen Integrität und kann in unserer Welt durchaus eine Qualität sein, die Überleben ermöglicht. Unser gesamtes Demokratieverständnis baut darauf auf, dass Menschen gegenüber Mächtigen kritisch bleiben und notfalls ungehorsam sind. Junge Menschen, die sich permanent den Erwartungen ihrer Eltern oder Lehrer unterwerfen müssen, entwickeln die Fähigkeit, sich unterzuordnen. Sie verlieren jedoch das Vertrauen in die eigene Urteilskraft, weil der Kontakt zu den eigenen Empfindungen, Bedürfnissen, Überzeugungen und Grenzen abhandenkommt. Wenn Kinder im Laufe ihres Heranwachsens mit Hilfe der Erwachsenen darauf hören dürfen, wer sie selbst sind, was ihre Bedürfnisse sind und wo ihre Grenzen liegen, werden sie die Integrität ihrer Mitmenschen sensibler wahrnehmen und anderen gegenüber ein differenzierteres Hörverständnis aufbringen als solches, das unter Gefangenenbedingungen entsteht. Kinder, die nicht hören, brauchen keine Grenzen, Konsequenzen oder Diagnosen. Sie brauchen Zuhörer. Um unseren Kindern beziehungsweise Schülern zuhören zu können, müssen wir die seit Generationen vererbten Gehorsams-Muster durchbrechen. Wir müssen uns mit unseren eigenen Erfahrungen aussöhnen – ansonsten machen sie zu viel Lärm.

Wir müssen die Ungehorsamen nicht zurück ins Glied rufen, sondern sie auf ihrem Weg in Richtung eines selbstbestimmten Lebens begleiten. Im Leben junger Menschen gibt es mindestens zwei Phasen, in denen ihre natürlichen Autonomiebestrebungen ausgeprägt sind. Sobald sich das so genannte Trotzalter und später die Pubertät ankündigen, geraten die meisten Erwachsenen in Alarmbereitschaft und entschuldigen sich bereits im Voraus bei Angehörigen und Nachbarn. Sie bereiten sich vor auf einen Kampf gegen kleine und große ungehorsame Monster, die die Weltherrschaft an sich reißen wollen. Wir neigen dazu, Autonomiebemühungen von Kindern und Jugendlichen zu problematisieren und mit fragwürdigen Maßnahmen, Methoden, Mitteln und eben Regelwerken zu unterdrücken. Wir sollten eher aufpassen, dass *wir* uns nicht trotzig gegenüber Kindern und Jugendlichen verhalten, wenn diese in wichtigen Entwicklungsphasen stecken.

Wir könnten dem Gedanken relativ leicht Glauben schenken, dass wir heutzutage so frei wären wie nie zuvor. Mit den verstaubten Ideen einer auf Gehorsam aufgebauten Kultur hat unser Leben scheinbar nicht viel zu tun. Und genau das zweifle ich an. Die unfreisten Menschen sind die, die in der Zelle sitzen und sich ihrer Gefangenschaft nicht bewusst sind. Im Außen leben wir im Land der unbegrenzten Möglichkeiten und missbrauchen diese auf oft sehr perverse Art und Weise, weil wir im Innen angesichts unserer Entfremdung nicht in Kontakt mit unseren empathischen Gefühlen stehen und somit unfrei sind. Ich bin der Überzeugung, dass der Unterschied zwischen Schein und Sein nirgendwo so groß ist wie in unserer heutigen pädagogischen Welt. Und hier möchte ich gerne einen speziellen Blick auf »spezielle« Schulen werfen.

Schulen in freier Trägerschaft

Nach meiner Einschätzung gibt es hervorragende Schulen in freier Trägerschaft. Schulen, in denen das gelebt wird, was auf der Verpackung steht. Gleichwohl stelle ich die These auf, dass auch in etlichen »alternativen« Schulen auf dem unteren Pfad eine Kultur des Gehorsams gelebt und gepflegt wird. Jedes an Freiheit orientierte Schulkonzept ist zum Scheitern verurteilt, wenn der Wert Freiheit von Menschen getragen wird, die nicht bemerken, dass sie Gefangene alter Konditionierungen und Kindergelübde sind (zum Beispiel »Ich muss es allen recht machen!«). Heikel wird es in besonderer Weise dann, wenn die Führungskräfte solcher Schulen nicht führen, sondern ver- beziehungsweise entführen. In unseren pädagogischen Einrichtungen, insbesondere in denen, in denen alternative Konzepte umgesetzt werden (sollen), opfern sich täglich erwachsene Menschen auf, um den Beweis zu erbringen, dass sie selbst beachtenswert und wertvoll sind. Es grenzt an ein Verbrechen, wenn Vorgesetzte sich das unbewusste Lebensmuster ihrer Mitarbeiter (»Papa wird zufrieden mit mir sein, wenn ich alles, wirklich alles gegeben habe.«) zunutze machen und dadurch sogar verstärken. Unfreie Menschen können niemandem zur Freiheit verhelfen. Wenn ich sehe, wieviele Lehrer an Schulen in freier Trägerschaft sich zum Opfer unbewusster, freiheitsberaubender Programme machen, kann ich dem Freiheitsgedanken diverser Schulkonzepte und derjenigen, die die Konzepte umsetzen, nicht glauben. Hinzu kommt, dass viele unserer freien Schulen darauf fixiert sind, Menschen zu beschäftigen, die für »die gute Sache« ständig ihre eigenen Grenzen überschreiten. Das ist vor dem Hintergrund der in etlichen Konzepten zur Schau gestellten Werte (Schauwerte) Inkongruenz in Reinform. Schüler halten es aus, wenn Lehrer zeitweise ambivalent auftreten, besonders dann, wenn sie die Verantwortung für die eigene Ambivalenz übernehmen. Allerdings drehen Kinder und Jugendliche irgendwann komplett durch, wenn Widerspruch durchgängiges Prinzip einer Schule ist. Lehrer übrigens auch. Nicht ohne Grund ist die Personalfluktuationsrate an entsprechenden Schulen bemerkenswert.

Ich bin unbedingt ein Befürworter freier Schulen. Nur müssen wir genau hinschauen, was vor Ort in den Einrichtungen wirklich passiert. In Schulen, die im Ehrenamt von Menschen geführt werden, die im Durchschnitt weitaus weniger professionell sind als die dort arbeitenden Lehrer, gibt es durchaus die Tendenz, den ganz alten Führungsstil zu reaktivieren – inklusive Abmahnungen, Hausverbot, Redeverbot in Versammlungen, fristloser Kündigungen (von Schülern und Lehrern) und dergleichen mehr.

Ich erinnere mich an meine ersten Lehrerjahre, als ich Kollegen sagen hörte: »Ich muss euch leider mitteilen, dass ich mit sofortiger Wirkung und aus persönlichen Gründen nicht mehr hier arbeite.« Meistens waren die »persönlichen Gründe« eine andere Bezeichnung für: »Mir wurde gekündigt und wenn ich ein Wort über die Gründe verliere, bekomme ich es mit dem Anwalt der Schule zu tun!« Einige meiner Ex-Kollegen nutzten die Formulierung »persönliche

Gründe«, um auszudrücken: »Ich halte es hier nicht mehr aus. Seit langer Zeit werde ich gemobbt, ich bin am Ende meiner Kräfte und zutiefst gekränkt.«

Manchmal fragen mich Eltern, ob diese oder jene Schule in freier Trägerschaft geeignet sei für ihr Kind. Meine Antwort beinhaltet immer mindestens zwei Aspekte. Ich rate an:

1. »Setzt euch in Ruhe zu Hause hin und klärt miteinander, was euch in Bezug auf euer Kind wirklich wichtig ist – und nicht, was euch wichtig sein sollte. Dann geht ihr los und schaut nach Schulen und Schulkonzepten.«

2. »Wenn ihr meint, eine passende Schule gefunden zu haben, besucht sie. Wenn ihr vor Ort seid, dann spürt genau in euch hinein, wie es euch zum Beispiel beim Betreten der Aula oder im Gespräch mit Mitarbeitern geht. Achtet gar nicht so sehr auf die konkreten Worte. Fragt euch: ›Was spüre ich gerade?‹ Und wenn die Antwort lautet ›Mir ist kalt!‹, dann kann ich euch nur Mut machen, eurem Temperaturempfinden zu vertrauen.«

»Wer nicht hören will, muss fühlen ...«

Bei dem Gedanken, dass das Schlagen von Kindern historisch betrachtet vor wenigen Momenten noch erlaubt war, schrecke ich innerlich immer etwas zusammen. Selbst zu meiner Schulzeit war das Thema körperliche Züchtigung noch nicht ganz aus der Welt. Nie werde ich den wohl schmerzvollsten Moment meiner eigenen Grundschulzeit vergessen: Der Hausmeister Herr Sohwer, natürlich grauhaarig und mit einem blauen Kittel bekleidet (ähnlich einer Uniform), zog mich am Ohr durch den Klassenraum der 2c, weil ich mich, aus welchen Gründen auch immer, auf einen Stuhl gestellt hatte. Das Ohr tat höllisch weh. Meine Mutter muss damals achtundzwanzig Jahre alt gewesen sein, als sie sich einen Tag später vor Hausmeister und Schulleiter aufbaute, um (vorsichtig ausgedrückt) ihren Unmut zum Ausdruck zu bringen. Ich war tief beeindruckt und bin es noch immer. Der Hausmeister musste damals einlenken und sich entschuldigen. Seine Entschuldigung glich wohlgemerkt einem Verwaltungsakt und zeugte zu null Prozent von Einsicht oder Mitgefühl. Er war davon überzeugt, dass man Kinder körperlich zurechtweisen dürfe und müsse. Hatte ich vor Herrn Sohwer Respekt? Nein, Respekt wäre das falsche Wort. Angst trifft es eher.

Der Behauptung, Kinder hätten Erwachsenen früher mehr Respekt entgegengebracht, kann ich nicht so recht folgen. In der Annahme, möglicherweise Prügel zu beziehen, hatten Kinder in der Vergangenheit lediglich mehr Angst vor Erwachsenen. Natürlich gehorchten die meisten Kinder eingedenk einer strafenden Übermacht. Kinder, die während ihrer Schulzeit körperlicher Gewalt ausgesetzt waren, spürten nicht »nur« im Moment der Strafe Scham und Schmerzen, sondern erinnerten sich auch noch Jahrzehnte später an das Erlittene. Wenn die Integrität eines Menschen auf das Äußerste verletzt wird, gibt es im Prinzip nur eine Möglichkeit, den Rest seiner Integrität zu wahren. Es ist notwendig, Schmerz, Angst und Kleinheitsgefühle zu verleugnen und sich parallel dazu mit der »Stärke« desjenigen zu solidarisieren beziehungsweise sogar zu identifizieren, der verantwortlich war und ist für erlebtes Leid. Die »guten, alten Zeiten, als der Lehrer (oder der Herr Vater) mit einem Rohrstock auf die Finger kloppte«, werden noch im Erwachsenenalter glorifiziert. Zu tief und zu unbearbeitet ist der Schmerz. Besonders männliche Betroffene erzählen oft mit einem angedeuteten Lächeln über vergangene Bestrafungen und verteidigen das Vorgehen ihrer Peiniger: »Geschadet hat es mir nicht. Na ja, und ich hatte es ja auch ein bisschen verdient. Ich war schon ziemlich anstrengend.«

Mit dem Verbot der körperlichen Züchtigung wurde vielen Pädagogen *das* Machtinstrument entzogen. Lehrer standen plötzlich vor der Frage, wie sie dafür sorgen könnten, dass auch weiterhin alles seinen »geregelten Gang« gehen würde. Der Rohrstock verschwand in die Geschichtsbücher, jedoch nicht der Wunsch nach gehorsamen Schülern. Heute fühlen sich etliche Kollegen hilflos, da Schüler angesichts

eines strengen Blickes oder Disziplinierungsmaßnahmen nicht mehr automatisch zusammenzucken
und »Ja!« winseln. Daraus wird allzu oft abgeleitet, es
fehle Kindern und Jugendlichen an Respekt. Der Ruf
nach neuen Macht- und Verformungsinstrumenten
ist in den letzten Jahren wieder lauter geworden. Mit
scheinbarem Erfolg. Vieles von dem, was Lehrer so
souverän mit pädagogischen Argumenten zu erklären
versuchen, erweist sich hinter einer Fassade der Vernunft als eine neue Form der Tyrannei. Instrumente
und Wege zur Herstellung »klarer Verhältnisse« können sein: Beschämungen, »Gewalt der Freundlichkeit«[1] (Jesper Juul), Ignoranz, Notenvergabe, Mobbing,
Nachsitzen, Strafarbeiten, ein Mehr an Hausaufgaben,
Gang zum Schulleiter, Elterngespräche, Ausschluss
von außerschulischen Veranstaltungen, Schulver-
weise, Suspendierung, Lob, Punktesysteme (Punk-
tevergabe für »richtiges« Verhalten mit Aussicht auf
Belohnungen), Nichtversetzung, Moralpredigten, ver-
letzende Sprache oder Schul- und Klassenregeln (die
meistens nur für Schüler gelten). An unseren Schulen
ist nur scheinbar ein neuer Führungsstil ausgehandelt worden. Ich bin der Meinung, dass Führung im
Schulkontext noch immer bedeutet: »Wer nicht hören
will, muss fühlen!«

Der neue alte Führungsstil äußert sich durch Aussagen wie:

»Wenn ich jetzt noch ein Wort von dir höre, ist der Tag

---

1 Juul, Jesper: *Aggression. Warum sie für uns und unsere Kinder
   notwendig ist.*

für dich gelaufen. Dann geht's nach Hause!«

»Wenn du jetzt nicht sofort mit der Arbeit beginnst, bekommst du einen Eintrag!«

»Du tust, was ich dir sage, sonst rufe ich deine Eltern an!«

»Wenn du nicht den Mund hältst, dann geht's zum Schulleiter!«

»Wenn du wieder bei Sinnen bist, rede ich mit dir!«

Oder etwas »freundlicher«:

»Mehr kann ich nicht für dich tun. Ich hab's dir gesagt. Es ist dein Leben. Viel Spaß mit deiner Entscheidung!«

»Du wirst schon wissen, was du tust. Ich bin gespannt darauf, ob deine Eltern heute Nachmittag um 15 Uhr ähnlich denken. Die habe ich nämlich nach dem jüngsten Vorfall auf dem Pausenhof zum Gespräch eingeladen.«

»Entschuldige, wann gibt's noch mal Zeugnisse?«

»Du brauchst noch einen Stern, dann hast du fünf Sterne und du bist das nächste Mal von den Hausaufgaben befreit. Und wenn alle aus der Klasse einen Stern haben, haben wir einen ganzen Sternenhimmel.«

Bis heute greift der Führungsstil der »alten« Schule. Wir Lehrer nutzen möglicherweise ein anderes und professionell wirkendes Vokabular und ergänzen unseren Katalog an herkömmlichen Machtinstrumenten mit Belobigungs-Methoden. Im Grundsatz aber hebt sich der heutige Führungsbegriff von dem vergangener Jahrzehnte kaum ab. Ihm liegen drei zumeist unterschwellige Annahmen zugrunde:

1. Wir müssen Kinder zu »richtigen Menschen« (also zu Erwachsenen) machen. Und wenn Kindern keine Konsequenzen (Strafen) in Aussicht gestellt werden, bleiben sie »unmenschlich« und bedrohen das Gesamtgefüge.

2. Meine Erwartungen als Lehrer sind per Definition richtig und die Aufgabe von Schülern besteht darin, diesen Erwartungen zu entsprechen. Wenn meine Vorgaben nicht erfüllt werden, muss ich mich gezwungenermaßen durchsetzen, indem ich Schüler kraft meines Amtes und der damit einhergehenden Befugnisse meinem Willen unterordne.

3. Wenn die Zusammenarbeit nach meinen Vorstellungen funktioniert, liegt das an mir. Sollten Schwierigkeiten auftreten, sind Schüler oder deren Eltern die Verursacher.

Unerwähnt darf nicht bleiben, dass manche Lehrer, angelehnt an den Wunsch, »es« anders zu machen, und aus Angst davor, zu Tätern zu werden, ihre Führung komplett abgegeben haben. Sie führen gar nicht. Nach meiner Erfahrung ist das keine gute Idee. Schü-

ler brauchen Lehrer, die führen wollen und Verantwortung für einen Führungsstil übernehmen, der sich
der Integrität des Einzelnen verpflichtet sieht. Was
passieren kann, wenn ein Lehrer seine Führungsverantwortung ignoriert, ist eindrucksvoll im Rahmen
der »Seil-Übung« zu erspüren. Der Lehrer sollte nicht
führen, indem er seinen Schüler wie einen dressier-
ten Gaul an einem Seil durch die Manege führt. Das
bedeutet aber nicht, dass er die Zügel auf den Boden
legen darf. Er muss Verantwortung übernehmen.

Verantwortung

Viele Lehrer haben sich nie kritisch mit der Frage auseinandergesetzt, was sie unter Führung und Verantwortung verstehen. Da sie im Alltag als Führungskräfte viel Verantwortung zu tragen haben, besteht die Möglichkeit, dass sie auf eine Weise Verantwortung übernehmen, die sie im Grunde nicht verantworten können. Lehrer, die einerseits mit Vorbildern aufwuchsen, deren Lebensinhalt darin bestand, sich um alles und jeden zu kümmern, und die andererseits im beruflichen Kontext nie eingeladen wurden, sich inneren Mustern zuzuwenden, können einen vollkommen überfrachteten und unrealistischen Führungs- und Verantwortungsbegriff mit sich herumschleppen. Und ich glaube, dass dieser Zusammenhang eine Ursache dafür ist, dass die meisten Lehrer in ihrer Unbewusstheit einem »Machbarkeitswahn« verfallen sind. Sie glauben, ohne sich des Glaubenssatzes explizit zu erinnern, dass sie alles Mögliche oder Unmögliche *machen* müssen, um »gute« Lehrer zu sein, zum Beispiel: motivieren, Wissen vermitteln, individualisieren, fördern. Das ist keine Übernahme von Führungsverantwortung. Das ist Wahnsinn.

Was Verantwortung für mich als Lehrer bisher bedeutete und vielleicht zukünftig bedeuten könnte, kann ich mir nicht abgucken oder anlesen. Ich muss es »schmecken«. Im Folgenden will ich von einer »Geschmacksprobe« berichten, die mir, bezogen auf das Thema Übernahme von Verantwortung, persönlich weitaus mehr brachte als jede theoretische Abhandlung.

Bezeichnenderweise erlebte ich das Folgende in einem Kontext, der mit Schule nichts zu tun hatte:

Person A kniet sich hin und verzahnt die Hände vor dem Bauch. Sie ähneln in dieser Haltung einer Schale. Person B macht es sich auf dem Rücken liegend möglichst bequem und legt den Kopf in die ineinander verzahnten Hände des Partners. Person B schließt die Augen und versucht, sich während der nächsten fünf Minuten zu entspannen. Während Person B nachspürt, ob sie sich dem Partner anvertrauen kann, erlebt Person A im wahrsten Sinne des Wortes, wie es für sie ist, Verantwortung zu *tragen.* Nach fünf Minuten tauschen Person A und B die Rollen. Im Anschluss an die Übung kann ein Dialog mit Hilfe folgender Fragen begonnen werden:

Wie ging es dir damit, die Verantwortung zu tragen (beziehungsweise abzugeben)?

Was hast du gefühlt?

Welche Gedanken gingen dir durch den Kopf?

War dein Körper angespannt?

Welche Körperempfindungen hast du wahrgenommen und wie hast du sie gedeutet?

Wie hast du für dich gesorgt, während du Verantwortung für den anderen übernommen hast?

Fühltest du dich überfordert?

Denkst du, dass Verantwortungsübernahme planbar ist?

Mit (in) welcher Haltung übernimmst du Verantwortung?

Wie war es um deine Atmung bestellt?

Im Rahmen diese Übung erfuhr ich etwas sehr Wichtiges über mich und mein Verhältnis zum Thema Verantwortung. Davon möchte ich erzählen:

Ich fügte meine Hände zu einer »Schale« zusammen, setzte diese jedoch nicht auf dem Boden ab, das heißt ich stützte mich nicht selbst. Mein Partner legte seinen Kopf in meine Hände und schloss die Augen. Nachdem ich zwei Minuten die Verantwortung (den Kopf meines Partners) getragen hatte, fingen meine Arme an zu zittern. Meine Atmung wurde unruhig und meine Kräfte verließen mich merklich. Mir schien es jedoch zu spät, um an meiner Position etwas zu verändern. Was würde es in meinem Partner auslösen, wenn ich jetzt noch meine Hände abstützte? Er würde bestimmt »schlecht von mir denken«. Ich fühlte mich der Aufgabe nicht gewachsen und spürte ein schlechtes Gewissen in mir aufkommen. Irgendwie hielt ich die fünf Minuten durch. »Und so«, dachte ich spontan, »gehe ich jeden Tag meiner Arbeit als Lehrer nach. Sehr anstrengend!« Schweißgebadet wollte ich von meinem Partner wissen, wie es ihm ergangen sei. Er offenbarte mir, dass er mir kein Vertrauen hatte entgegenbringen können und dass er sich unwohl gefühlt hatte. Er hatte wahrgenommen, dass ich mit der mir übertragenen Aufgabe überfordert schien. Zutiefst bewegt setzte ich mich auf einen Stuhl und reflektierte mich und mein Tun als Lehrer. Schnell war mir klar: In meiner Profession als Lehrer versuchte ich nach bestem Wissen und Gewissen, Verantwortung zu übernehmen, sorgte dabei aber nicht für mich und meine Bedürfnisse. In mir gab es keine innere Instanz, die mir Sicherheit spendete und mir in herausfordernden Situationen sagte: »Da geht's lang!« Meinen Schülern ging es ähnlich wie meinem Partner in der Übung. Sie *wollten* sich auf mich einlassen. Ja, sie wollten mir vertrauen. Vergeblich. Mit meiner Hilfe konnten sie nicht navigieren, da ich keine Hilfe war. Also taten sie das, was Schüler eben machen, wenn Erwachsene wichtige Führungsqualitäten vermissen lassen. Sie versuchten, das Fehlende auszugleichen. Das wiederum machte ich meinen Schülern lange zum Vorwurf. Ständig beklagte ich mich über das vorlaute Verhalten meiner Schüler. In Unkenntnis dessen, was wirklich zwischen meinen Schülern und mir passierte, verstrickte ich mich in Machtkämpfe und verausgabte mich vollends. Schließlich konnte ich meinen Beruf mehrere Monate krankheitsbedingt nicht mehr ausüben. Ich war alle. Und aus einem leeren Krug kann man nichts mehr einschenken. Lehrer, die für sich selbst keine Verantwortung übernehmen können, weil sie nicht gelernt haben, sich selbst Halt zu geben, werden sehr wahrscheinlich große Schwierigkeiten bekommen, wenn es darum geht, Verantwortung im Außen zu übernehmen. Ja, ich wiederhole mich: Einzelne Schüler und Schülergruppen zu führen, ohne Selbstführungskompetenz entwickelt zu haben, scheint mir unmöglich.

Wenn die Fragen das Problem sind

»Schon als Kinder werden wir darauf konditioniert, den Schmerz anderer nicht wahrzunehmen. Der Wettbewerb in der Schule um die Aufmerksamkeit und Anerkennung der eigenen Leistung durch die Lehrer, führt zu einem völlig ›paradoxen‹ Lerneffekt, nämlich dem, andere Kinder als Rivalen wahrzunehmen und zu hassen. Ein Paradoxon, denn dasselbe kulturelle System verbietet Hass und verneint die Existenz von Hass zwischen Kindern.«[1]

Die wenigsten Lehrer machen sich bewusst, dass sie in ihrer eigenen Kindheit und Jugend mit strafenden Autoritäten kooperieren und sich mit deren Führungsstil identifizieren mussten. Übernommene Wahrheiten sind längst zu eigenen Wahrheiten geworden und prägen pädagogische Haltungen und somit das schulische Miteinander. Der Destruktivität der größtenteils automatisch ablaufenden Programme ist sich im schulischen Umfeld kaum jemand bewusst. Insofern ist es nicht wirklich verwunderlich, wenn Lehrer glaubhaft zu verstehen geben, dass das zum Teil destruktive Schülerverhalten mit Schule nichts zu tun haben kann. Der Wunsch nach gehorsamen und gedrillten Kindern scheint einer vergangenen Epoche anzugehören und passt eher in den Geschichtsunterricht als in eine aktuelle Auseinandersetzung zum Thema Schule. Ich meine jedoch,

---

1 Gruen, Arno: *Dem Leben entfremdet.*

dass in Schule Kinder und Jugendliche auch in der Gegenwart gefügig gemacht und von sich selbst entfremdet werden. Ein ewiger Kreislauf, der als solcher nicht leicht zu erkennen ist, da es so scheint, als gäbe es zwischen Schule früher und Schule heute kaum Schnittmengen. Aktuell greift weniger die »Domäne des Stocks« als das Prinzip der überwiegend kleinen und verletzenden Nadelstiche. Aber auch die tun weh. Verletzte und verängstigte Menschen verlieren irgendwann an Vitalität und werden, nachdem sie kräftezehrende Versuche unternommen haben, die eigene Integrität zu schützen, auf Dauer krank oder kränken andere.

In dem Film »Alphabet« von Erwin Wagenhofer wird ein Treffen von Bewerbern für den »CEO of the Future« gezeigt. Eine Jurorin fragt eine zukünftige Führungskraft: »Wie sollte Ihre ideale Top-Managerin aussehen?« Seine Antwort: »Leistungsorientiert, und alles andere ist egal.« Sie: »Egal wie?« Er: »Egal wie!«[2]

Die weitverbreitete Haltung »Erfolg um jeden Preis« ist nach meiner Einschätzung eine Fortsetzung dessen, was in Schule praktiziert, vorgelebt und eingefordert wird. Schulischer Erfolg ist orientiert an Standards und wird definiert über Ertrag und Vergleich. Um »gut zu sein«, also eine zufriedenstellende Note zu erzielen, muss ich als Schüler Erwartungen erfüllen und mich gegenüber Mitschülern durchsetzen. Der »Klassenkampf« ist vorprogrammiert und be-

2 Wagenhofer, Erwin: *Alphabet. Angst oder Liebe?*

reitet auf späteres Leben vor. »Egal wie?« – »Egal wie!« Konkurrenz belebt das Geschäft. Und tötet Mitgefühl.

In der pädagogischen Welt dominiert die größtenteils unausgesprochene Überzeugung, man müsse zum Egoismus neigende und nach Macht strebende Kinder durch Grenzsetzungen kooperativ und sozial kompetent *machen.* Sich auf andere Menschen und deren Belange einzulassen, wird so zu einer von außen gelenkten Zwangsveranstaltung. Regeln und angedrohte Strafen beziehungsweise Konsequenzen bestimmen darüber, wie sich Menschen im Miteinander zu verhalten haben. Das klingt zunächst einmal recht vernünftig, allerdings müssen wir uns fragen, ob Menschen nach Beendigung ihrer Schulzeit für sich und die Gemeinschaft *persönliche* Verantwortung, das heißt eine von innen nach außen gehende Verantwortung übernehmen können, wenn sie bis dahin von strafenden Autoritäten zur *sozialen* Verantwortung verpflichtet wurden. Menschen, die über einen langen Zeitraum auf Kosten der eigenen Integrität überkooperieren mussten, sind irgendwann abhängig von mächtigen Autoritäten, die sagen, was vermeintlich »richtig« und »falsch« ist. Viele Menschen verhalten sich heute »vorbildlich«, ohne aus sich selbst heraus zu handeln. Zwar wissen die meisten Schulabgänger, was ihre (ehemaligen) Lehrer wollten und ihre Eltern für richtig erachteten, doch über sich selbst und die eigenen Werte, Grenzen und Ziele haben sie sehr oft wenig erfahren. Autoritäten, Gesetze und mögliche Konsequenzen bei Gesetzesverstößen ersetzen den fehlenden inneren Kompass und lösen Eigenverantwortung ab. Richtig ist ausschließlich das, was gesetzlich erlaubt ist. Nicht immer ist aber das, was laut Gesetz richtig ist, auch stimmig. Das, was im Leben auf Dauer unstimmig ist, macht irgendwann krank. Das Eigene durch Anpassung niederzudrücken und gleichzeitig ein selbstbestimmter Mensch zu bleiben, ist ein unstimmiges und krankmachendes Anliegen.

Vermehrt sitzen mir in Beratungsgesprächen sichtlich verängstigte Eltern gegenüber. Viele berichten zunächst von »schulischen Problemen« ihrer Kinder, dann stellen sie (zumeist unterschwellig) die Frage »Was können wir machen, damit unser Kind in der Schule die Erwartungen erfüllt und gleichzeitig gesund bleibt?« Ich nehme die fragenden Eltern und in besonderer Weise ihre Ängste sehr ernst und gerade deswegen lade ich sie ein, sich eher dem Hintergrund der Frage zu widmen, als nach möglichen Antworten zu suchen. In Anlehnung an Paul Watzlawicks Gedanken »Wenn die Lösung das Problem ist ...« glaube ich nämlich, dass unzählige Baustellen in Schule entstehen, weil irreführende Fragen aufgrund bestimmter Glaubenssätze und Gesetzmäßigkeiten überhaupt erst gestellt und zugelassen werden.

Zur Kategorie »Wenn die Fragen das Problem sind ...« gehören nach meiner Ansicht unter anderem folgende Fragen:

»Wie können Lehrer ihren Schülern Grenzen setzen?« Diese Frage setzt voraus, dass Lehrer Schülern Grenzen setzen sollten.

»Wie können Lehrer ihre Schüler motivieren?«

Diese Frage setzt voraus, dass Lehrer zuständig sind für die Motivation ihrer Schüler.

»Was können Lehrer mit beratungsresistenten Eltern machen?« Diese Frage setzt voraus, dass es beratungsresistente Eltern gibt.

»Wie gehen Lehrer auf Eltern zu, die ihre Kinder nicht erziehen?« Diese Frage setzt voraus, dass bestimmte Eltern ihre Kinder nicht erziehen.

»Welche Bedürfnisse haben Kinder mit ADHS?« Diese Frage setzt voraus, dass »besondere« Kinder »besondere« Bedürfnisse haben.

»Wie können wir die schulischen Probleme des Schülers lösen?« Diese Frage setzt voraus, dass der Schüler schulische Probleme hat.

»Wie können Lehrer Wissen vermitteln?« Diese Frage setzt voraus, dass Wissen vermittelbar ist und Lehrer für Wissensvermittlung zuständig sind.

»Wie können Lehrer dafür sorgen, dass alle Schüler am Ende der zweiten Klasse die Uhrzeit lesen können?« Diese Frage setzt voraus, dass Schüler einer Jahrgangsstufe am Ende eines festgelegten Zeitraumes einen Wissensstand erreicht und bestimmte Fertigkeiten erlangt haben müssen.

Und schließlich:

»Was können Eltern machen, damit Kinder schulische Erwartungen erfüllen und gleichzeitig gesund bleiben?« Diese Frage setzt voraus, dass es möglich ist, auf Dauer Fremderwartungen zu erfüllen *und* gesund zu bleiben. Und genau das halte ich für unmöglich! Abgesehen davon: Mit Kindern und Jugendlichen können und sollten wir gar nichts *machen.* Mit ihnen wird ohnehin schon viel zu viel gemacht.

Ich halte den in weiten Kreisen akzeptierten Gedanken, Gesundheit und Anpassung seien zwei Seiten einer Medaille für gefährlich und schlichtweg falsch. Gehorsame und angepasste Kinder sind in unseren Schulen beliebt und erwecken oft den Eindruck, gesund und sozial kompetent zu sein. Ich bin jedoch der Auffassung, dass der Schein mehr als oft trügt.

»Ja, aber Kinder können doch nicht machen, was sie wollen!« Der Wunsch, einer Gemeinschaft anzugehören und sich in ihr zu orientieren, zählt zu den menschlichen Grundbedürfnissen. Menschen wollen in und mit Gemeinschaften kooperieren, genauso wie sie essen und trinken wollen. Der Umstand, dass Menschen das Bedürfnis nach Nahrung haben, sollte aber niemals als Argument missbraucht werden, einen Ernährungsplan aufzustellen, der über das Was, Wann und Wieviel der Nahrungsaufnahme bestimmt. Wir wissen heute, was mit Kindern passieren kann, die immer pünktlich um zwölf Uhr ein Glas Babybrei in den Rachen gefüllt bekommen, egal ob sie entsprechende Hungersignale aussenden oder nicht. Sie machen das irgendwie mit, weil sie müssen, allerdings geht auf Dauer der Kontakt zum eigenen Hungerempfinden verloren. Das Eigene wird fremd. Die Eltern bestimmen darüber, was ihre Kinder wann brauchen: »Um zwölf Uhr wird gegessen. Dann musst du hungrig sein. Und erst wenn der Teller leer ist, dann ...«

Wenn aus dem inneren Bedürfnis nach Kooperation ein von außen gesteuertes Anliegen wird, verkommt Schule zu einer nicht sättigenden »All-you-can-eat-Veranstaltung« mit potentiell gefährlicher Langzeitwirkung: »Ein Happen Kooperation für Herrn Schmidt. Ein Mal den Mund aufmachen für das Befolgen der Schulregeln. Und ein Löffelchen Anpassung an den Lehrplan ...«

Solange Schüler mit Herrn Schmidt »richtig« kooperieren, die Schulregeln befolgen und ehrgeizig den Lehrplan abarbeiten, scheint alles seinen geregelten Gang zu gehen und der »Erfolg« scheint uns Recht zu geben. Wo ist also das Problem?

Wie Menschen zum großen Teil reagieren, wenn sie darauf getrimmt wurden, Autoritäten und deren Regeln und Vorgaben gehorsam zu befolgen, statt sich mit ihren empathischen Gefühlen zu verbinden, zeigt unter anderem das so genannte Milgram-Experiment aus den 1960er Jahren. Versuchsteilnehmer wurden durch einen als wissenschaftliche Autorität ausgewiesenen Versuchsleiter instruiert, anderen Menschen (Schauspielern) aus pädagogischen Gründen Elektroschocks zu verabreichen. 65 Prozent der Versuchsteilnehmer kamen den Anweisungen nach, obwohl die Behandelten sich vor Schmerzen krümmten und sie, die das Leid verursachten, selbst psychosomatische Störungen entwickelten: »Sie schwitzten, zitterten, fingen an zu stottern, bissen sich auf die Lippen und litten unter Krämpfen.«[3]

Wir Lehrer sind Führungskräfte und müssen uns der wunderbaren, wenn auch schwierigen Herausforderung stellen, einen Führungsstil zu entwickeln, der mit den alten Gehorsamswerten bricht. Nach meiner Auffassung zeichnet sich eine moderne Führungskraft durch *persönliche* Autorität aus, also durch eine Autorität, die von innen nach außen strahlt (Ausstrahlung) und die persönliche Integrität verkörpert. Sie muss sich nicht hinter einem Wall aus Regeln und Strafen verstecken und präventiv losschlagen. Sie nutzt persönliche Sprache (»Ich will ...« und »Ich will nicht ...«) und dient Schülern als Inspirationsquelle. An einer persönlichen Autorität können sich Schüler zuweilen die Zähne ausbeißen, müssen aber nach entsprechender Begegnung nicht zum Zahnarzt, da ein Lehrer mit persönlicher Autorität Widerstand leistet, ohne Schaden zufügen zu wollen. Eine meiner wichtigsten Erfahrungen der letzten Jahre ist, dass junge Menschen Lehrer respektieren, die sich authentisch, klar und respektvoll zeigen, ohne die Führung abzugeben. Lehrer, die sich als Menschen zeigen, können gesehen werden und dadurch Schüler und Eltern ermutigen, sich »sehen zu lassen«. Und ich bin sicher, dass Kinder, die die Erfahrung machen, von Erwachsenen bedingungslos akzeptiert zu werden, lernen, auf sich selbst und ihr Gewissen zu hören, statt auf Autoritäten im weißen oder braunen Kittel.

3 Gruen, Arno: *Der Fremde in uns.*

Wir alle haben das Bedürfnis, als diejenigen »gesehen« zu werden, die wir unverstellt sind. Um »gesehen« zu werden und die Fähigkeit des »Sich-selbst-Sehens« zu erlernen, sind wir auf Menschen angewiesen, die uns als diejenigen »sehen«, die wir sind. Die für uns so lebensnotwendige Beachtung bekommen wir nicht durch einen dauerhaften Blick in den Spiegel. So entwickeln wir uns eher zu Narzissten oder/und »Spiegelputzern«. Wenn wir allein und unter uns bleiben, bleiben schwere Verletzungen durch andere vielleicht aus. Was im beziehungs- und konfliktfreien Raum allerdings fehlt, sind Beachtungsquellen und Möglichkeiten, sich gerade an denen zu reiben, die man mag und für die man wertvoll sein will. Reibung erzeugt Wärme. Wir brauchen potentielle Konfliktpartner, ja sogar »Idioten«, denn nur durch viele Situationen mit ihnen lernen wir einen bewussten Umgang mit »Idioten«. Vergessen sollten wir niemals, dass wir selbst manchmal zu den »Idioten« zählen.

Schulische Individualisierung – ein kognitives Dilemma

In der frühen Phase unseres Lebens schien nichts naheliegender zu sein, als ständig leicht oberhalb dessen zu agieren, was wir an Fähigkeiten bereits erworben hatten. Unsere Interessen entsprachen unserem Entwicklungsstand. Folglich suchten wir aufgrund unseres Entwicklungsplanes genau die Erfahrungen, die wir brauchten, um den nächsten Entwicklungsschritt zu gehen.[1] Wir lernten das Laufen »von Fall zu Fall«, das heißt wir machten »Fehler« und »berichtigten« uns selbst. Auf Instruktionen («Gehe dreimal zum Schrank!«) waren wir nicht wirklich angewiesen, wohl aber auf Erwachsene, die uns beachteten, vertrauten und mit einem Pflaster versorgten, wenn wir uns das Knie aufgeschlagen hatten. Die Aufgabe der uns umgebenden Erwachsenen bestand nicht darin, uns zu unterrichten, ständig zu stimulieren oder zu bewerten. Sie sollten einfach da sein, damit wir uns und unsere Umwelt selbst – jedoch nicht allein – erkunden konnten. War es nicht wunderbar, sich auf dem Teppich in ein Spiel zu vertiefen, während die Erwachsenen sich bei Kaffee und Kuchen um sich selbst kümmerten?

Spätestens mit Eintritt in die Schule nehmen Erwachsene immer mehr aktiven Einfluss auf den kindlichen Entwicklungsplan. Angedeutet sei an dieser Stelle, dass Kindergärten in zunehmendem Maße

---

1 Largo, Remo H.: *Kinderjahre.*

ihre zentrale Aufgabe darin sehen, Kinder mit Hilfe pädagogischer Programme auf schulische Ansprüche vorzubereiten. Spielen reicht nicht mehr aus. Kinder müssen gezielt und intelligent gefördert werden. Auf dem Stundenplan stehen Frühenglisch, Naturwissenschaften, mathematische Grundkenntnisse. Mit Unterstützung finanzstarker »Partner« findet heute eine Form von »pädagogischer Mobilmachung« (Herbert Renz-Polster) statt, die es in dieser Dimension bisher noch nicht gegeben hat. Hinter einer Fassade aus Wissenschaftlichkeit und Gutmenschentum kommen Interessen zum Ausdruck, deren eigentliche Hintergründe in der Diskussion überwiegend verborgen bleiben oder gar kritiklos hingenommen werden. Der Mensch verkommt zum Humankapital und Bildung zum wichtigsten Rohstoff. Längst sind pädagogische Fragen und kindliche Entwicklungspläne kontaminiert von Wirtschaftlichkeit, Globalisierung und Wachstum.[2] Bereits in der Frühförderung geht es um unglaublich viel Geld und Macht. Während in Bildungsdebatten über »das Beste für das Kind« gefachsimpelt wird, flüstert der Zeitgeist: »Wer macht das Rennen um die größten und prächtigsten Schätze?«

In der Schule angekommen, beginnt endgültig der »Ernst des Lebens«. Kindheit wird von einem auf den anderen Tag zu einer Art Vorbereitungsdienst auf das Erwachsenendasein. Der nächste »richtige« Schritt im Entwicklungsplan des Kindes ist vorherbestimmt durch Lehrpläne, einem Curriculum oder

2 Renz-Polster, Herbert: *Die Kindheit ist unantastbar. Warum Eltern ihr Recht auf Erziehung zurückfordern müssen.*

die Feste des Jahreskreises. Traditioneller Unterricht geht nicht vom jeweiligen Kind und dessen Integrität aus, sondern von straffen Planungen und mehr oder weniger klaren Erwartungshaltungen. Die schulische Planwirtschaft ist in vielerlei Hinsicht kontraproduktiv und nach meiner Überzeugung Ausgangspunkt zahlloser Misslingens- und Leidensgeschichten. Vermehrt gehören Eltern und Pädagogen zu den Betroffenen, denn sie müssen Widersprüchliches ausgleichen und unrealistische Erwartungen erfüllen.

Unter Druck gesetzte und von Angst infizierte Eltern schicken ihre Sprösslinge zur teuren Nachhilfe, kümmern sich nach dem Abendessen auf Kosten von Gesundheit und Partnerschaft um Hausaufgaben und/oder hören sich auf Elternabenden an, dass ihre Kinder (und damit sie selbst) deutlich mehr Einsatz zeigen müssen, um den Anschluss nicht zu verlieren.

Auf den Punkt Elternarbeit und im Speziellen die Situation Elternabend wurden Lehrer nicht professionell vorbereitet. Sie wissen vielleicht Grundlegendes über rechtliche Bestimmungen und die korrekten Abläufe einer Elternsprecherwahl. Dass Elternabende abseits bürokratischer Aspekte emotional herausfordernd werden können und wie es möglich sein kann, mit dem Druck umzugehen, ohne die Integrität von Eltern zu verletzen oder sich selbst aufzugeben, stand jedoch nicht auf dem Ausbildungsplan. Mich persönlich erschütterte emotional vorgetragene Kritik lange Zeit massiv, obwohl ich die Meinung vertrat, ich müsse auch während eines Elternabends »über den Dingen stehen«. Erst spät fand ich heraus, dass es als Lehrer nicht darum geht, eine »dickere Haut« zu bekommen oder sein Gefühlsleben zu verleugnen. Gefühle wie Wut, Angst oder Scham sind menschlich. Und als Lehrer bin ich ein ganz gewöhnlicher Mensch mit biographisch bedingten Reaktionsmustern. In dem Moment, in dem ich die Verantwortung für meine Reaktionen, Gefühle, Gedanken, Haltungen und Werte an Eltern abgebe – und zwar unabhängig davon, ob Eltern mir gegenüber wohlgesonnen sind oder sich wie Furien aufführen – begebe ich mich in die Opferrolle. Die Irritation, die mich eventuell aus dem Gleichgewicht bringt, wenn Eltern im Zuge eines Elternabends ihre Unzufriedenheit kundtun, ist ausdrücklich meine Angelegenheit. Bleiben meine Angelegenheiten allerdings unerledigt, werden sie mich auf Dauer erledigen.

Abgesehen davon, dass Lehrer im Durchschnitt kaum über bewusste Strategien verfügen, wie sie mit einzelnen Eltern oder mit einer ganzen Elternschaft einen konstruktiven Dialog führen können, stehen sie im Alltag vor der unmöglichen Aufgabe, im Unterricht Standards zu erfüllen und gleichzeitig der Individualität von Schülern gerecht zu werden. Ihr Auftrag, der getrost als »kognitives Dilemma« betitelt werden darf, könnte etwas salopp wie folgt formuliert werden:

»Passen Sie Ihre Schüler an Ihre und schulische Erwartungen an und machen Sie sie zu verantwortungsvollen, eigenständigen und integeren Individuen!«

»Förder-Flatrate«

Kinder und Jugendliche müssen sich regelmäßig auf Lehrer einstellen, die aus ihrem Auftrag eine
Art »Förder-Flatrate« ableiten. Ich lernte Jugendliche kennen, denen die Scham aus sämtlichen Poren
quoll, da sie innerhalb einer Lerngruppe über Stunden von Förderpädagogen »unterstützt« wurden. Nie
vergessen werde ich den dreizehnjährigen Jens, der
den zeitintensiven Besuch von zwei Pädagogen der
Förderschule über sich ergehen lassen musste. Während Jens mit verliebten Augen zu seiner Angebeteten
blinzelte, saßen die Pädagogen hinter seinem Rücken
und mahnten zur Konzentration. Schlussendlich bescheinigten die Lehrer dem Schüler das Problem einer leichten Ablenkbarkeit. Er bräuchte auch weiterhin viel Unterstützung. Ich fragte die Lehrer, ob sie
versucht hätten, sich in Jens hineinzuversetzen. Sie
schauten mich ungläubig an und tippten mit dem
Zeigefinger auf ihren Beobachtungsbogen. Tyrannei
der Vernunft beziehungsweise Unvernunft.

Wenn Schüler ständig individuell gefördert werden, scheinen sie eines Tages die individuelle Förderung zu brauchen. Sie wissen dann sehr viel darüber,
was Erwachsene von ihnen wollen. Über sich selbst
wissen sie nahezu nichts. Während ihnen erklärt
wird, es ginge um sie, müssen sie fremde Erwartungen erfüllen, sich der schulischen Definitionsmacht
beugen und eines Tages, sozusagen aus dem Nichts,
eine Entscheidung darüber treffen, welche beruflichen Pläne sie zu verfolgen gedenken.

Kinder und Jugendliche müssen sich in Schule die meiste Zeit auf Inhalte einlassen, die laut Lehrer und Lehrplan, nicht aber unbedingt laut Entwicklungsplan des Individuums »dran« sind. Die verabreichten Inhalte sind eingebettet in Prozesse, deren hauptverantwortliche Gestalter (Lehrer) im Zuge der Ausbildung nicht gelernt haben, wie sie solche Prozesse professionell gestalten können. Schule ist eine traditionell inhalts- und outputorientierte Veranstaltung. Dementsprechend werden angehende Lehrer vornehmlich über Fachinhalte und Techniken zur Wissensvermittlung aufgeklärt.

Wenn Schüler heutzutage individuell gefördert werden, bedeutet das nicht automatisch, dass ihnen vielfältige Gelegenheiten zur Potentialentfaltung geboten werden. Unter Individualisierung verstehen wir im schulischen Umfeld vielmehr, Kinder und Jugendliche individuell zu fördern, damit sie die in den Lehrplänen beschriebenen und verbindlichen Ziele erreichen. In Verbindung mit der Überzeugung, dass Lehrer Wissen *vermitteln* sollen (aus Schülersicht eine höchst passive Perspektive), ist der Individualisierungsbegriff in der aktuellen Umsetzung aus meiner Sicht ein Missverständnis mit fatalen Folgen.

2008 erlebte ich Remo H. Largo auf dem vom »Archiv der Zukunft« organisierten Bodenseekongress in Bregenz. In seinem Vortrag zum Thema »Individualität – Herausforderung oder Störfaktor?« stellte Largo Ergebnisse einer unter seiner Mitwirkung durchgeführten Longitudinalstudie vor. Bezogen auf den schulischen Kontext erörterte er, dass gleichaltrige und völlig gesunde Kinder in ihren Entwicklungen so gravierend unterschiedlich sind, dass jahrgangsheterogener Unterricht, der darauf abzielt, alle Schüler auf identische und festgelegte Leistungsniveaus zu bekommen, Nonsens sei. Ein Junge im Alter von dreizehn Jahren kann bezogen auf ein bestimmtes Merkmal (zum Beispiel Rechtschreibung) das Entwicklungsalter eines Zehnjährigen haben, während ein gleichaltriger Junge möglicherweise bereits das Entwicklungsalter eines Sechzehnjährigen erreicht hat. Ungeachtet dessen werden beide Schüler (gemeinsam mit dreiundzwanzig anderen Schülern einer Klasse) in einer traditionellen Schule mit einem für alle verbindlichen Schulstoff konfrontiert. Lehrer werden es trotz größter Bemühungen niemals schaffen, Schüler auf einen Stand zu bekommen.[1] Dieses Ziel ist weder realistisch, noch sinnvoll. Bezogen auf äußere Merkmale nehmen wir Lehrer ohne größere Schwierigkeiten zur Kenntnis, dass Menschen individuell sind und bleiben dürfen. Es käme einem schlechten Witz gleich, beschriebe ein Lehrplan, dass alle Drittklässler am Ende der Klassenstufe 3 eine bestimmte Körpergröße erreicht haben sollen. Man stelle sich vor, Lehrer versuchten, die Schüler einer Klasse auf ein Körpermaß zu bringen. Vorbildlicher und individualisierter Unterricht bestünde darin, mit einem Flaschenzug an Schülern zu ziehen oder mit Gewichten ein weiteres Wachsen zu unterbinden. Irrsinn! Wir alle kennen das dazu passende afrikanische Sprichwort »Das Gras wächst nicht schneller, wenn

---

[1] *http://www.adz-netzwerk.de/files/docs/largo_individ_okt08.pdf* (abgerufen am 02.02.2014).

man daran zieht.« Auch dann nicht, wenn »individuell« gezogen wird. In der klassischen Schulsituation sprechen wir, wenn ein Schüler einer bestimmten Klassenstufe einem fachlichen Anspruch (zum Beispiel im Fach Mathematik) nicht genügt, schnell von einem Förderbedarf. So befördern wir Schüler und Eltern in eine permanente Stresssituation und setzen sie nicht zuletzt mittels institutioneller Macht unter Druck. Wie soll ein Schüler auf diesem Weg Begeisterung für mathematische Fragen aufbringen oder sich ins »Reich der Längen und Gewichte«[2] aufmachen? Nur Erleuchtete lieben ihre Feinde.

Unterricht, der Lehrer, Schüler und Eltern verpflichtet, vorgegebene Jahrgangsstufen-Leistungsniveaus zu erreichen, verhindert Potentialentfaltung, schürt Versagensängste und verletzt Integrität. Im Namen einer »guten Sache« entwickeln wir Förderprogramme, Präventionsmaßnahmen und Nachhilfeunterricht, um fragwürdigen Normen gerecht zu werden. Selbst im Lebensmittel-Discounter finden Eltern etliche »Lernen-leicht-gemacht-Produkte«, damit ihre Kinder »die Klasse schaffen«: Fördermaterial sozusagen als »Lebens-Mittel«. Ständig sprechen wir davon, dass Kinder Grenzen brauchen, und vergessen, dass Kinder Grenzen und Begrenzungen haben.

Kinder sind in ihren Entwicklungen sehr unterschiedlich und je älter Menschen werden, desto unterschiedlicher werden sie. Das ist kein Problem, sondern menschlich. Was ist ein Kind, das mit acht

2 Gibran, Khalil: *Der Prophet.*

Jahren nicht lesen kann? Ein Kind, das mit acht Jahren nicht lesen kann.

Etliche Kinder bekommen in Klasse 2 gesagt, sie hätten Lese-Rechtschreib-Probleme (wahlweise ADHS, Dyskalkulie, Konzentrationsprobleme, fehlendes Durchhaltevermögen und so weiter). Noch nie habe ich ein Kind sagen gehört: »Du, Lehrer, hör mal. Du hast dich getäuscht. Ich entwickle mich anders als andere Kinder und das ist gut so. Hier, ich habe da einen Text von Remo H. Largo zum Thema ›intraindividuelle und interindividuelle Variabilität‹. Und wenn du das gelesen hast, lass uns mal wieder reden. Bis dahin lässt du mich bitte in Ruhe mit deinen Diagnosen.« Nein, das sagen Kinder nicht. Circa 50 Prozent der Kinder kooperieren direkt, indem sie die defizitorientierten Einschätzungen der Erwachsenen bestätigen. Die anderen circa 50 Prozent kooperieren spiegelverkehrt und wehren sich auf teilweise ganz anderen Ebenen gegen die integritätsverletzenden Zuschreibungen der Erwachsenen. Ein Grund, weswegen viele Schülerakten den Umfang eines Telefonbuches haben.

Selbstgesteuertes Lernen

In unseren Schulen dominiert fremdgesteuertes Einheitslernen, demnach ein Lernen, das größtenteils an Lehrplänen und Fremderwartungen ausgerichtet ist. Uns allen ist im Gegensatz dazu die Gabe des selbstgesteuerten Lernens von Geburt an gegeben. Nach Jahren der Fremdbestimmung fällt es uns allerdings insgesamt recht schwer, an das Vorhandensein dieser Gabe zu glauben. Ich selbst habe sowohl privat als auch beruflich ein vom Selbst gesteuertes Lernen als überaus sinnvoll, nachhaltig und befriedigend kennengelernt. Ausgehend von meiner Integrität setze ich mir Ziele, die ich auf der Basis intrinsischer Motivation intensiver und vor allen Dingen langfristiger verfolge als vorgegebene Ziele. Während ich dieses Buch schreibe, erlebe ich ganz bestimmt nicht ausschließlich überschäumende Glücksgefühle. Der Schreibprozess ist für mich sehr zäh und führt mich zuweilen an persönliche Grenzen. Aber ich bleibe am Ball, weil es mir wichtig ist und Freude bereitet, diese Zeilen zu schreiben, und ich sicher sein kann, dass während dieser Arbeit niemand meine Grenzen überschreitet. Mein Zugang zur Kreativität wäre in dem Moment versperrt, in dem mir jemand sagte, wie ich was zu schreiben hätte. Ich spüre so etwas wie tiefe Zufriedenheit, wenn es mir gelungen ist, nach »hartem Kampf« Formulierungen zu finden, mit denen ich einverstanden bin. Oft bin ich beim Schreiben unsicher, aber im Zuge intrinsisch motivierter Arbeits- und Lernprozesse verunsichere ich mich gewollt.

Ich verlasse das Gewohnte, meine Komfortzone und wende mich Unbekanntem zu.

Ich bin der Meinung, dass in Schule ein vom Selbst gesteuertes Lernen möglich ist. Der Auftrag des Lehrers bestünde weniger darin, Schülern als Wissensvermittler, denn als gleichwürdiger und ermutigender Weg- und Lernbegleiter zur Seite zu stehen. Die Ausbildung zum Weg- und Lernbegleiter wäre sicherlich an vielen Stellen eine ganz andere als die zum Wissensvermittler.

Ein Weg- und Lernbegleiter misst der persönlichen Integrität eine größere Bedeutung bei als pädagogischen Zielen. Er unterstützt seine Schüler auf verschiedenen Ebenen, indem er Materialien, Medien, Werkzeuge, Hinweise und sich selbst mitsamt Erfahrungshintergrund zur Verfügung stellt und Verantwortung für die Qualität der Beziehungen übernimmt. Gerade in schwierigen Phasen »sieht« er seine Schüler und erinnert an geplante Vorhaben. Über den Erwachsenen als Vorbild und Kooperationspartner lernen Schüler ihren eigenen »inneren Lehrer« kennen, der zunehmend den Lehrer im Außen ersetzt. Denn das Ziel eines professionellen Lehrers besteht nach meinem Verständnis darin, dass Schüler ihren Lehrer eines Tages nicht mehr brauchen. Sie dürfen und müssen ihren Weg selbst gehen und sich selbst begleiten. Ich denke, das meinte Maria Montessori, als sie sagte: »Hilf mir, es selbst zu tun.« Der süchtig machende Stoffvermittler hätte ausgedient.

Ein vom Selbst ausgehendes Lernen ist keine Technik, die Erfolg verspricht, sondern ein erfolgversprechender Weg, weil Lernen hier auf der Basis eines gesunden Selbstwertgefühls *erfolgt.* Ein gesundes und stimmiges Selbstwertgefühl ist Voraussetzung für ein Lernen vom Selbst aus, denn ich kann nur vom Selbst aus lernen, wenn ich in Kontakt stehe mit meinem Selbst und Verantwortung für das übernehme, was mein Selbst ausmacht.

Selbstwertgefühl:

»Was weiß ich über mich?« (quantitative Dimension des Selbstwertgefühls)

»Wie verhalte ich mich dem gegenüber?«(qualitative Dimension des Selbstwertgefühls)[1]

Daraus leite ich ab:

Selbstgesteuertes Lernen:

»Was will ich lernen, entdecken, erfahren, »kosten« und entwickeln?« (quantitative Dimension des selbstgesteuerten Lernens)

»Wie verhalte ich mich dem gegenüber?« (qualitative Dimension des selbstgesteuerten Lernens)

Die qualitative Dimension des selbstgesteuerten Lernens mündet schließlich auch in der Frage, wel-

---

[1] Jensen, Helle; Juul, Jesper: *Vom Gehorsam zur Verantwortung.*

che Wege ich wähle, um meine Ziele zu erreichen.

Wenn ich mir meiner Selbst bewusst bin und nüchtern akzeptieren kann, wer ich bin, werde ich *in mir* den Kompass entdecken, mit dessen Hilfe ich auf meiner ganz eigenen Reise wichtige Entwicklungsschritte gehen kann. Auf Reisen zu gehen, bedeutet für mich, gewohnte Pfade zu verlassen. Lernen im Sinne von »meine eigenen Grenzen erweitern« kann gelingen, sofern meine Grenzen von anderen gewahrt bleiben und dadurch meine persönliche Integrität respektiert wird.

Zahlreiche Menschen sind nach Beendigung ihrer Schullaufbahn des fremdgesteuerten Lernens müde und fallen in einen tiefen Winterschlaf. Zwar führen viele ein pflichtbewusstes und nach ökonomischen Maßstäben erfolgreiches Leben, jedoch stehen sie, so zumindest meine Überzeugung, nicht in Kontakt mit ihrem Wesen und ihrem wesensgemäßen Potential. Das Erbringen von Leistungen mitsamt der Hoffnung, für das Vollbrachte wertgeschätzt zu werden, wird zum Synonym für persönliche Weiterentwicklung und sinnvolles Leben. Wie der Zirkuselefant, der sich in jungen Jahren daran gewöhnt hat, an einem vergleichsweise kleinen Pflock angebunden zu sein und als erwachsener Elefant nicht einmal mehr in Erwägung zieht, sich der Fußfessel zu entledigen, beugen sich die meisten Erwachsenen unbewusst ihrem Schicksal und verharren wie vor sich hin vegetierende Pflanzen. Sie bleiben innerlich stehen. Ähnlich wie der Elefant verfügen sie über genügend Kraft, um sich aus biographischen Verstrickungen zu befreien.

Sie halten jedoch an dem Seil fest, das ihnen einst angelegt wurde. Mehr noch: Sie *wollen* festhalten, denn Halt suggeriert Sicherheit. Arno Gruen spricht von der »freiwilligen Knechtschaft«.

Ich selbst wachte mit Anfang dreißig auf, gähnte ausgiebig und stellte überrascht fest, dass dieses Leben mehr zu bieten hatte als Pflichterfüllung oder Kampf gegen das Establishment. Angstfreies und zwangloses Lernen schien mir entgegen bisheriger Erfahrungen möglich und meiner persönlichen Entwicklung zuträglich zu sein. Ich entdeckte eine Art Privatleben, in dem mir niemand mehr vorschrieb, was ich wann und wie zu lernen hatte. Niemand prüfte meinen Wissensstand oder stellte eine Leistungskontrolle in Aussicht. Die Zeiten waren vorbei, da mich Menschen unter Druck setzten und Niederlagen prognostizierten. Abseits meines beruflichen Alltags fing ich an, mich für das zu interessieren, was es in und außerhalb von mir zu erkunden gab. Es dauerte einige Jahre (und Schlafattacken), bis ich mich wieder mit Enthusiasmus und Vertrauen auf Neues einlassen konnte. Lernen assoziierte ich lange Zeit mit der Frage »Wo ist der Haken?«

Immer mehr Kindern und Eltern fehlt das Vertrauen in die Institution Schule und die dort agierenden Lehrer. Natürlich gibt es darüber hinaus Eltern, die prinzipiell gegen Schule nichts haben, sich für ihre Kinder aber ein anderes Lernumfeld wünschen. Wie gehen wir mit denjenigen um, die sich gegen Schule beziehungsweise für eine Alternative zur Schule entscheiden?

Schulpflicht – ein Misstrauensvotum

Mich wundert es wirklich, dass wir uns wundern. Wir stecken junge Menschen in eine Art »Lern-Legekasten«, damit sie unter Aufsicht möglichst viel Output produzieren. Diejenigen, die angesichts einer integritätsverletzenden Stallordnung verhaltensauffällig werden und dem Elend schließlich zu entrinnen versuchen, nennen wir kraft unserer Definitionsmacht »Schulschwänzer«. Unter Androhung mächtiger Strafen führen wir sie zurück in den Stall und erwarten, dass sie sich erneut und »sozial kompetent« anpassen. Ich als Lehrer muss der Stallordnung Geltung verleihen und muss Kinder und Jugendliche in überwiegend kahle Unterrichtsräume stecken, um sie davon zu überzeugen, dass sie dieses oder jenes interessant finden und lernen müssen. Mich kostet es unendlich viel Kraft, täglich bis zu sechs Stunden Unterricht vorzubereiten, durchzuführen, meine Schüler »bei der Stange« zu halten und mir dann auch noch anhören zu müssen, dass ich sie mehr motivieren müsse. Wir Lehrer versuchen, Unmögliches möglich zu machen, indem wir die alten Schulstrukturen »aufpeppen« und den verpflichtenden und entfremdenden Schulcharakter aufzuhübschen versuchen.

Die Art und Weise, wie Schule und Behörden mit Schülern und Eltern umgehen, die sich trotz Schulpflicht für eine Bildungsbiographie außerhalb von Schule entscheiden, halte ich für arrogant und kontraproduktiv. In der Überzeugung, schulverweigernde

Schüler und Eltern bräuchten eine »harte Hand«, um Verantwortungsübernahme zu erlernen, lassen diese Institutionen nach meiner Überzeugung völlig außer Acht, dass Menschen durch ihr »Nein« zur Schule vielleicht überhaupt zum ersten Mal seit Jahren persönliche Verantwortung übernehmen. Statt den Dialog auf existentieller Ebene zu suchen oder die Qualität unserer Schulen zu hinterfragen, werden die »Gescheiterten« aufgelesen und mit strengem Blick über ihre Rechte und Pflichten belehrt. Während Eltern dann einen Bußgeldbescheid aus dem Briefkasten fischen, werden »verlorene Söhne und Töchter« mit Hilfe irgendwelcher Programme zurück in den Schoß des Vaters geholt. Und dann bekommen sie zu hören, dass sie sich einfach nur an die Regeln zu halten haben, damit sie ein glückliches und zufriedenes Leben führen können. Bei allem gebotenen Respekt: Was für ein Quatsch!

Eines kann ich mit Gewissheit sagen: Eine nach klassischen Gesichtspunkten erfolgreiche Schulbiographie absolviert und »zu den Besten« gehört zu haben, ist nicht gleichbedeutend damit, nach »Schulschluss« ein von Lebendigkeit, Freude und Kreativität geprägtes Leben zu führen. Zu viele unglückliche Erfolgreiche habe ich getroffen, die sehr lange dem Versprechen geglaubt haben, man müsse nur schulischen Erwartungen entsprechen, um die Früchte des Lebens kosten zu können.

Schule ist eine Pflichtveranstaltung. Junge Menschen müssen einen Großteil ihrer Lebenszeit unfreiwillig in pädagogischen Einrichtungen verbringen.

Ich halte es für geboten, den Punkt Schulpflicht im Blickfeld zu behalten und regelmäßig daraufhin zu überprüfen, inwieweit davon die Beziehungen zwischen Lehrern, Schülern und Eltern beeinträchtigt werden. Wer geht schon gerne Beziehungen unter Zwang ein? Die meisten Verpflichteten kommen der Schulpflicht nach, obwohl viele von ihnen am liebsten einen großen Bogen um Schule machen würden. Groß ist jedoch die Angst vor dem strafenden System und den prognostizierten Konsequenzen. Angst ist der Leim, der die heutigen Schulstrukturen zusammenhält und Menschen an das Bestehende bindet. Unsere Schulen sind durchdrungen von Angst, versprechen gleichzeitig Auswege und Sicherheit: »Damit du nicht scheiterst, musst du dich nur an das halten, was verlangt wird. Du musst zur Schule gehen, Leistungen erbringen und dich anpassen.« Wir dürfen vor dem Hintergrund der Schulpflicht nicht automatisch davon ausgehen, dass Schule eine Einrichtung ist, die kreative Lernprozesse fördert. Unter Angst lernen zu *müssen,* ist ein Widerspruch und garantiert eher das Aufkommen ungünstiger synchroner Erregungsmuster (zum Beispiel Verknüpfung eines Fachinhaltes mit Angst) als nachhaltiges Lernen. *Dass* Menschen in der Schule lernen, bedeutet nicht unbedingt, dass Menschen lernen, *weil* sie in der Schule sind. Auch begünstigt eine Schulpflicht keineswegs die Übernahme persönlicher und sozialer Verantwortung. Etwas regelmäßig zu tun (zum Beispiel den Einkauf mit Hilfe des vom Partner erstellten Einkaufszettels), ist nicht gleichbedeutend damit, die Verantwortung für das Etwas zu übernehmen. Wir können und sollten ehrlich zu Eltern und Kindern sagen: »Es besteht Schulpflicht und ihr müsst dieser nachkommen. Lasst uns gemeinsam überlegen, wie wir das Beste aus der Situation machen können.«

Oft hörte ich von Lehrern den Satz: »Sie (die Eltern) müssen uns vertrauen!« Von Eltern, deren Kinder die Schule besuchen müssen, Vertrauen zu erwarten, ist ein merkwürdiges Anliegen. Kinder und Jugendliche, die zur Schule gehen müssen und nicht aus sich selbst heraus handeln, sondern ausschließlich auf der Grundlage dessen, was Erwachsene wollen und vorgeben, kooperieren mit dem Misstrauen der Erwachsenen. Sie kooperieren entweder direkt, indem sie lernen, sich und dem Leben zu misstrauen, oder indirekt, indem sie »machen, was sie wollen«.

Die allgemeine Schulpflicht betrachte ich als staatlich angeordnete Integritätsverletzung und größtmögliches Misstrauensvotum. Ich hoffe, dass wir eines Tages den Mut und das Vertrauen aufbringen, der Schulpflicht »Auf Nimmerwiedersehen!« zu sagen, um uns stattdessen, wie in den meisten anderen europäischen Ländern, auf ein Bildungsrecht zu verständigen. Vorausgesetzt jedoch, an der allgemeinen Schulpflicht wird auch in den nächsten Jahren nicht gerüttelt, sollten wir alles daran setzen, die schulische Situation aller Beteiligten optimal zu gestalten. Schließlich sprechen wir im Zusammenhang mit Schule auch immer von Schülern, Eltern und Lehrern, die sich *jetzt* in ihren Schulen zurechtfinden müssen und wollen.

Vertrauen

Wir Lehrer müssen uns darüber im Klaren sein, dass wir nie ausschließlich »Wissensvermittler« sind, sondern vor allen Dingen Vorbilder in Lebensweise. Wenn wir Schülern »Misstrauen in sich selbst und das Leben« vorleben, werden sie eher ihr Potential zum Misstrauen entdecken als ihr potentielles Vertrauen. Nach meinem Verständnis gehört zum menschlichen Potential nicht ausschließlich das, was wir nach heutigen Maßstäben für »gut« befinden, sondern alles, was laut »innerem Bauplan« genetisch zur Verfügung steht. Welche Potentiale ausgedrückt werden, hängt in hohem Maße von den Erfahrungen ab, die Menschen in ihrem Umfeld machen und die ihnen das Umfeld ermöglicht. Und auch, wenn ich mich durch folgenden Bezug möglicherweise ins intellektuelle Abseits begebe, denke ich doch immer wieder an einen Satz von Albert Einstein: »Das Feld ist die einzige bestimmende Kraft des Teilchens.«

Das menschliche Bedürfnis nach Wachstum und Weiterentwicklung korreliert unmittelbar mit der tiefen Sehnsucht nach Geborgenheit und Vertrauen. Kinder und Jugendliche müssen darauf vertrauen, dass sie so, wie sie sind, in Ordnung sind. Bedingungslos. Dann werden sie sich entsprechend ihrer Möglichkeiten entwickeln. Vertrauen können wir Schülern nicht einflößen, indem wir sie erziehen und ihnen sagen: »Du musst vertrauen«. Wir erziehen weniger durch Appelle, als durch die Art und Weise, wie wir *sind.* Deswegen sollten wir Lehrer uns in Zukunft weniger darum kümmern, was wir mit und an Schülern tun können, damit sie sich in vermeintlich »richtige« Richtungen bewegen, und stattdessen unseren Einfluss als Vorbilder und Kooperationspartner berücksichtigen.

Wir Lehrer brauchen Vertrauen. Wir brauchen Vertrauen in uns, unsere Schüler und deren Eltern. Zur »Meisterschaft« werden wir junge Menschen kaum ermutigen und ermächtigen, indem wir sie an einen Pflock binden und uns erstaunt über »Entwicklungsverzögerungen« zeigen. Für unser Vertrauen sind ausdrücklich wir zuständig und nicht unsere Schüler. Ein konstruktiver und lebensbejahender Ansatz könnte in Schule lauten: »Wir vertrauen darauf, dass du entsprechend deiner Eigenart das Beste aus deinem Leben machst. Wir wollen dich dabei unterstützen, aufbauend auf einem gesunden Selbstwertgefühl ein stimmiges, selbstbestimmtes und erfülltes (nicht konfliktfreies!) Leben zu führen.« Nicht zu verwechseln mit: »Wir vertrauen dir, wenn du ...«

Was ist, wenn ich dem vom Verstand her zustimme, aber feststelle, dass ich das Vertrauen in mir nicht wahrnehme? Meine Antwort darauf enthält drei Optionen und hat mit »Ich muss besser werden!« oder »Drei leichte Schritte zu mehr Vertrauen« nichts zu tun:

• Ich erkenne mich im Hier und Jetzt an. Und das bedeutet vor allem, dass ich möglichst nüchtern registriere, wenig Vertrauen in meine Schüler zu haben. Es ist, wie es ist. (Anerkennung ist nicht Wertung!)

- Ich übernehme die volle Verantwortung für mich und mein Innenleben. Mein Misstrauen ist ausschließlich meine Angelegenheit. (Verantwortung ist nicht Schuld!)

- Ich entscheide mich für einen bewussten Umgang mit meinem Mangel an Vertrauen und kümmere mich aktiv um die qualitative Dimension meines Selbstwertgefühles. (Wie gehe ich damit um, dass ich meinen Schülern misstraue?)

In dem Moment, in dem ich mehr über mich weiß und eine bewusste Entscheidung darüber treffen will, wie ich mit dem umgehe, was ich über mich in Erfahrung gebracht habe, trage ich aktiv zur Gesundung meines Selbstwertgefühles bei. Das allein ist Vertrauen spendend. Konkrete Schritte könnten sein:

- Ich suche das Gespräch mit meinen Schülern (vielleicht auch Eltern) und teile mich ihnen authentisch und in persönlicher Sprache mit: »Ich will mit euch sprechen, denn es ist mir wichtig, dass ihr wisst, was ich über mich herausgefunden habe. Ich habe festgestellt, dass mir manchmal das Vertrauen in euch fehlt. Mein fehlendes Vertrauen in euch hat mit euch aber nichts zu tun. Es ist ausschließlich meine Sache. In den nächsten Wochen werde ich daran arbeiten, dass ich mehr Vertrauen aufbringe. Vielleicht gelingt mir das schon bald, so dass ich euch über längere Phasen selbstständig arbeiten lassen kann. Möglicherweise aber auch nicht. In ein paar Wochen werde ich dieses Thema wieder ansprechen und euch fragen, wie es euch ergangen ist. Danke. Das war's.« Ich weiß, was es heißt, als Lehrer unter Zeitdruck zu stehen. Aber abgesehen davon, dass schulischer Zeitdruck von uns und nicht von unseren Schülern zu verantworten ist, dauert so eine Ansprache vielleicht zwei Minuten.

• Ich suche den Dialog mit einer oder mehreren Vertrauensperson/en. Ein Dialogpartner kann einen professionellen Hintergrund haben oder auch nicht. Entscheidend ist, dass sich mein Gegenüber auf einen Dialog mit mir einlassen kann und die Bereitschaft mitbringt, mich anerkennend zu empfangen. Er hört mir empathisch zu, hilft mir, bei mir zu bleiben. Er nimmt, um es mit den Worten auszudrücken, die ich in dem wunderbaren Buch »Eltern stärken. Die dialogische Haltung in Seminar und Beratung« von Johannes Schopp las, die »Watte aus den Ohren« und steckt sie sich in den Mund.[1]

Ich habe in den letzten Jahren wunderbare Dialog-Übungen kennengelernt. Sehr intensiv war für mich eine Übung, die ich im Rahmen einer familylab-Weiterbildung mit Helle Jensen erlebt habe. Die Übung kann zu verschiedenen persönlichen Anliegen durchgeführt werden und somit auch zu Themen wie Misstrauen und Vertrauen. Ich bin der Sprechende (Fokuspartner) und berichte meinem Dialogpartner von meinem Misstrauen beziehungsweise meinem Verhältnis zum Thema Vertrauen. Der Dialogpartner hört aufmerksam zu, unterbricht nicht, stellt mir gegebenenfalls Verständnisfragen und er-

---

1 Schopp, Johannes: *Eltern stärken. Die dialogische Haltung in Seminar und Beratung.*

innert mich bei Bedarf daran, dass ich von mir berichte und nicht über andere spreche. Er achtet vor allem auf den Prozess und konzentriert sich darauf, dass der Dialog im Hier und Jetzt im Fluss bleibt. Der Dialogpartner gibt keine Kommentare ab, behält seine Meinung für sich und sucht *nicht* nach Lösungen. Eine gute Möglichkeit, den Fokuspartner zu unterstützen, besteht darin, ihn nach einer möglichst konkreten Situation zu fragen. Taucht der Fokuspartner in seine Situation ein, kann sich der Dialogpartner nach seinem jetzigen Befinden erkunden und sensibel nachfragen: »Wo in deinem Körper spürst du jetzt den Druck?« Währenddessen verfolgt ein stiller Beobachter den Dialog und achtet auf die Zeit. Nach einer vorher vereinbarten Zeit (zum Beispiel sieben Minuten) unterbrechen Fokuspartner und Dialogpartner kurzzeitig den Dialog. Nun tauschen sich Beobachter und Dialogpartner aus. Der Dialogpartner fragt den Beobachter nach seinen Eindrücken: »Was ist dir aufgefallen? An welchen Stellen möchtest du vom Fokuspartner mehr wissen? Gab es Momente, in denen du wahrgenommen hast, dass der Fokuspartner etwas besonders Wichtiges gesagt hat? Kannst du mir etwas über die Körpersprache meines Fokuspartners mitteilen? Hast du für mich weitere Hinweise?« Im Anschluss daran beginnt eine zweite Dialogphase, in der Dialogpartner und Fokuspartner das eben Besprochene in den weiteren Dialog »mitnehmen« können. Wichtig: Während der gesamten Übung kommen Fokuspartner und Beobachter nicht ins Gespräch. Danach können die Partner ihre Rollen tauschen.[2]

2   Jensen, Helle: *Hellwach und ganz bei sich. Achtsamkeit und Empathie in der Schule.*

• Ich bestimme meinen Vertrauensbegriff neu und hebe ihn in den Rang meiner wichtigen Werte, das heißt ich messe meinem (überprüften) Vertrauensbegriff entscheidende Bedeutung bei. Vertrauen wird zu einem wichtigen Teil meines inneren Navigationssystems. Ich arbeite an meiner Selbstführungskompetenz und entwickle Strategien, um auch in herausfordernden Momenten bei meinem Wert Vertrauen zu bleiben.

Ich persönlich habe gute Erfahrungen damit gemacht, in meinem Körper einen angenehmen Ort festzulegen, den ich spürend aufsuchen kann, wenn es um mich herum laut und hektisch wird oder ich in Gesprächen mit Eltern oder Kollegen Druck verspüre. Bewährt haben sich für mich außerdem »Anker«. So habe ich es mir beispielsweise zur Angewohnheit gemacht, in für mich herausfordernden Situationen (wie Elterngespräch, Vortrag, Seminar) einen kleinen Leuchtturm in meiner Nähe aufzustellen. Er erinnert mich daran, was mir wichtig ist. Neulich überreichte mir meine Tochter unmittelbar vor einem Vortrag ein kleines Pferd als Glücksbringer. Und schon hatte ich einen wunderbaren Einstieg in den Abend: »Hallo, wenn wir über das Thema ›Beziehungskompetenz‹ sprechen, dann dürfen wir uns auch darüber unterhalten, was mit und in uns passiert, wenn mit uns der Gaul durchgeht.« Ich legte das Pferd in Sichtnähe und immer dann, wenn ich in den nächsten zwei Stunden das Pferd erblickte, wurde mir gewahr, was mir wirklich wichtig ist. Ich vertraute.

Die finanziellen Kosten des hier nur kurz angedeuteten Weges sind wirklich überschaubar. Dennoch kostet es etwas, sich auf den Weg zu machen: Mut, Disziplin und die Bereitschaft, sich selbst zu verunsichern.

Geistreiche Veränderungen

»Die ich rief, die Geister, werd ich nun nicht los.«

Johann Wolfgang von Goethe, *Der Zauberlehrling*

Es wurde in der jüngsten Vergangenheit aus der Not heraus viel verändert, jedoch aus freiem Willen wenig reformiert. Durch Angst motivierte schulische Veränderungen tragen den Angstvirus an Schüler, Lehrer, Eltern und letztlich auch an die Gesellschaft weiter. Manche Schulkonzepte erzählen von Werten wie Freiheit und Frieden, werden jedoch zum großen Teil von Menschen umgesetzt, die getrieben sind von der Angst vor Unfreiheit und Krieg.

»Frieden ist nicht die Abwesenheit von Krieg. Friede ist eine Tugend, eine Geisteshaltung, eine Neigung zu Güte, Vertrauen, Gerechtigkeit.«

Baruch de Spinoza

Viele Menschen zucken bei dem Wort Reform zusammen, pochen auf die guten alten Werte und sehnen sich nach Menschen, die Klarheit, Sicherheit und Autorität verkörpern. Politiker bedienen zu gerne diese Sehnsucht und bemächtigen sich der Ängste einer potentiellen Wählerschaft. Sie lieben es, sich als Anwälte »einer guten Sache« ans Rednerpult zu stellen und das Thema Bildung mitsamt bildungsrelevanter Werte zur »Chefsache« zu machen. Der klassische »Chef«, die behütende und sich durchsetzende

Autorität, spricht nicht nur von Werten, sondern holt (scheinbar) das nach, was wir in Schule versäumen: Er übernimmt (scheinbar) Verantwortung. Er verspricht, unsere Werte mit aller Macht gegen das Böse zu verteidigen. Und so entsteht nach meiner Ansicht eine bedenkenswerte Allianz aus Werten und Ängsten.

Die konkrete Umsetzung der Idee Schule ist nach meiner Überzeugung Ausdruck bewusster und unbewusster Haltungen. Die inneren Haltungen vieler Einzelner machen in der Summe einen Großteil dessen aus, was die Kultur einer Schule charakterisiert. Ich persönlich verwende in diesem Zusammenhang gerne den Begriff des »Schulgeistes«. Einer Montessori-Schule wohnt nicht automatisch dieser oder jener »Geist« inne, nur weil *Montessori* draufsteht. Und genauso gibt es staatliche Schulen, die, obwohl kein besonderes Profil ausgewiesen ist, von einem auffällig gutmütigen »Geist« getragen werden. Was macht den »Geist« einer Schule also aus? Der »Geist« einer Schule steckt vor allen Dingen zwischen den Zeilen und äußert sich besonders in der Qualität des Miteinanders. Sehr gut kann man ihn orten, wenn Pädagogen mit Schülern zusammenkommen, die in irgendeiner Form auffällig geworden sind. Werden herausfordernde Schüler in kritischen Momenten zum gleichwürdigen Dialog eingeladen oder als Problemschüler im Büro des Schulleiters diszipliniert?

Nicht nur Pädagogen, auch Kinder, Jugendliche, Eltern, Hausmeister und Sekretärin prägen mit ihren Haltungen den »Geist« einer Schule. Weitere Einflüsse erfolgen unter anderem durch gängige Moralvorstellungen, gesellschaftlichen Kontext, Politik und »Zeitgeist«. Der »Schulgeist« wird außerdem gespeist durch die Stimmungen am Schulstandort. In einer Großstadt wird der »Geist« einer Schule ein komplett anderer sein als in einem kleinen Dorf. Trotz etlicher, zum Teil kaum zu beeinflussender Wirkfaktoren müssen die Verantwortlichen einer Schule die Verantwortung für *ihren* »Schulgeist« übernehmen. Verantwortlich sind in erster Linie Schulleitung und Lehrer. Ist ein »Geist« erst einmal in einer Schule eingezogen, macht er es sich bequem und lässt sich so schnell nicht mehr vertreiben. Und er wird seinen Thron sicher nicht räumen, wenn er von reformwütigen Pädagogen oder Schulleitern hinter vorgehaltener Hand ständig bestätigt wird. Noch einmal: Vieles von dem, was wir heute in Schule für »neu« befinden und in das Bestehende einarbeiten, ist das Ergebnis alten Denkens im neuen Gewand. Werden in ein ungünstiges, aber in sich stabiles System ausschließlich Reformen zur Aufrechterhaltung des bereits Bestehenden installiert, wird das Althergebrachte eher gestärkt.

An vielen Schulen bedeutet Professionalisierung nahezu ausschließlich, strukturelle Rahmenbedingungen zu definieren und phantasiereiche Organigramme auf Flipcharts festzuhalten. Ich weiß nicht, wie oft ich an pädagogischen Tagen teilgenommen habe, in denen es darum ging, »Kommunikationsprobleme« zu lösen. Eifrig versuchten die Teilnehmer, unterschiedliche Aufgabenbeschreibungen zu Papier zu bringen und die »richtigen Abläufe« festzulegen. Natürlich müssen Abfolgen geklärt sein, aber insgesamt nehme ich solche Unternehmungen als unver-

hältnismäßig zeitaufwendig und vollkommen über-
schätzt wahr. Immer wenn ich heute gebeten werde,
mit Lehrern und Schulleitern zu arbeiten, wird mir
schnell klar, dass die Probleme, aufgrund derer ich
eigentlich gerufen wurde, lediglich Symptome tiefer
liegender Probleme sind. Fast immer geht es um die
einfache Frage, wie die Menschen vor Ort miteinander in Beziehung treten. Die Verantwortung für das
Miteinander können wir nicht in den organisatori-
schen Bereich verlagern. Selbst wenn ich mich komplett an die korrekten Kommunikationswege halte,
immer pünktlich bin und alle Aufgaben pflichtgemäß
erfülle, kann ich meinen Mitmenschen gehörig auf
den Geist gehen.

Ein »Schulgeist« kann nur dann seines Amtes ent-
hoben werden, wenn die Menschen vor Ort akzeptieren, dass der bisherige »Geist« etwas mit ihnen zu tun
hat, sie außerdem wirklich etwas anderes wollen und
sie zumindest eine Idee von einer eventuellen Thron-
folge haben.

Schulentwicklung bedeutet für mich in erster Linie, sich den Prozessen, also dem *Wie* zuzuwenden.
Die Konzentration auf das *Was* (Inhaltsebene) birgt
zwar das Potential, schnelle und sichtbare Veränderungen herbeizuführen. Und manchmal halte ich es
für unbedingt erforderlich, von heute auf morgen für
neuen Glanz zu sorgen, um ein deutliches Zeichen für
einen neu eingeschlagenen Weg zu setzen. So kann
sich zum Beispiel ein neuer »Schulgeist« eingeladen
fühlen, wenn Lehrer *ihr* Lehrerzimmer auf- und um-
räumen und gemütlich einrichten. Insgesamt jedoch

muss sich nach meiner Überzeugung das *Was* dem *Wie* unterordnen. Wichtige Wie-Fragen können sein: *Wie* wollen wir im Kollegium miteinander umgehen? *Wie* wollen wir mit Kindern und Eltern in Beziehung treten? *Wie* wollen wir den Kontakt zu uns selbst gestalten? *Wie* wollen wir uns unseren Aufgaben zuwenden? *Wie* wollen wir Verantwortung übernehmen für unsere Wertvorstellungen, unseren Führungsstil, unseren »Schulgeist«? Und vielleicht die gerade am Anfang eines Prozesses entscheidende Frage: *Wie* gehen wir damit um, dass wir auf dem neuen Weg Fehler machen werden? Dieser Punkt ist für mich deswegen so ausschlaggebend, weil ich mehr als ein Mal erlebt habe, dass sich ein neuer »Schulgeist« schnell wieder aus dem Staub machte, da Pädagogen in den Wirren des Alltags in den alten Trott gerieten: »Na, wenn der sich nicht daran hält, was wir miteinander ausgehandelt haben, dann muss ich das ja auch nicht tun!« Ein neuer Weg ist steinig und stellt uns vor persönliche Herausforderungen. Zwischendurch »rückfällig« zu werden und vom Kurs abzukommen, ist vollkommen normal und einzukalkulieren. Nur müssen wir uns gemeinsam daran erinnern, wo wir hinwollen und wieder Kurs setzen. Am besten mit einem Lächeln im Gesicht.

Noch einmal: Die Verantwortung für den »Schulgeist«, für die Kultur, für das Miteinander an einer Schule tragen die Pädagogen des Hauses. Die Hauptverantwortung liegt wohlgemerkt bei der Schulleitung. Sie gibt vor, wofür eine Schule wirklich steht – unabhängig davon, ob sie sich eher zuständig sieht für den administrativen Bereich oder für den »Duft in der Bäckerei«. Es gibt Schulen, in denen am Vorbild des Schulleiters ein »Potentialentfaltungs-Geist« Einzug hält, der Menschen einlädt, das Eigene zu erkunden. Auf der anderen Seite entdeckt man auch in »besten Kreisen« Schulen, in denen die Bemühungen des Schulleiters kurzzeitigen Erfolg versprechen, schließlich jedoch verpuffen, da sich angedachte Veränderungen als substanzlos erweisen. Wir können den »Schulgeist« nicht sehen. Besonders feinfühlige Menschen können ihn allerdings manchmal spüren, wenn sie zum Beispiel die Aula einer Schule betreten und eine besondere Atmosphäre wahrnehmen. Nicht selten stimmen das Erspürte und das, was eine Schule laut Konzept »im Innersten« zusammenhält, in keiner Weise überein. Für alle an Schule Beteiligten ist es auf Dauer extrem belastend, wenn zwischen dem, was ist (Handlungswerte), und dem, was sein soll (Schauwerte), eine große Diskrepanz herrscht. Viele Lehrer kooperieren mit der Inkongruenz ihrer Schulleiter und verstricken sich in Widersprüche. Sie verhalten sich dann gegenüber Schülern wie der Vater, der zu seinem Sohn sagt: »Hör auf zu fluchen, verdammt noch mal!« Schüler und Eltern spiegeln sehr deutlich, wie es um den jeweiligen »Schulgeist« wirklich bestellt ist. Nur leider tendieren wir Pädagogen zur Spiegelputzerei: Wir versuchen, die Flecken im Spiegel (zum Beispiel Verhaltensauffälligkeiten oder »fehlende Einstellung«) zu beseitigen, anstatt uns dem Original zu widmen. Noch immer nehmen wir die direkten und indirekten Rückmeldungen von Schülern und Eltern nicht wirklich ernst oder deuten sie im alten Sinne.

Unzählige Kinder entwickeln im Laufe der Zeit eine Meinung zum Thema »Schule«, ohne ihre Meinung immer »ordnungsgemäß« zum Ausdruck bringen zu können. Sie teilen sich jeden Tag mit und geben Rückmeldungen darüber, wie es ihnen geht und was sie von der Art und Weise halten, wie mit ihnen umgegangen wird. Leider bringen nur wenige Lehrer die Bereitschaft, Sensibilität und schlussendlich auch Professionalität mit, Kinder wirklich ernst zu nehmen. Werden Schüler zum Verhalten ihrer Lehrer befragt, antworten viele, dass ihre Lehrer sehr oft schimpfen. Darauf reagieren die meisten Erwachsenen mit Empörung, Achselzucken und der Aussage »Das stimmt nicht!«. Ziemlich frech eigentlich! Etliche Pädagogen werfen Kindern und Jugendlichen eine fehlende Einstellung vor, obwohl diese sehr wohl eine Einstellung haben. Nur deckt sich die nicht unbedingt immer mit dem, was Pädagogen unter einer »richtigen Einstellung« verstehen.

»HALT!« oder Haltungen

Im Frühjahr 2014 arbeitete ich mit einem Lehrer-kollegium zum Thema Beziehungskompetenz. Die Vita der Schule war außergewöhnlich. Sie reichte von Vorzeigeprojekten bis hin zu regelmäßig verliehenen Schulpreisen. Ich nahm wahr, dass an dieser Schule, obwohl die Kollegen äußerlich fröhlich aussahen und sich offenbar sehr engagierten, irgendetwas Unausgesprochenes im Argen lag. Die Fassade wirkte stabil, aber hinter dem Sichtbaren verbarg sich etwas Destruktives. Erst nach der Veranstaltung, im Rahmen eines lockeren Abschlussgespräches, wurde mir klar, was hier unter der Oberfläche gährte und bis »nach unten« in die Klassenräume sickerte. Der Schulleiter unterschied zwischen »guten« und »schlechten« Lehrern. Einige Kollegen seien nach Aussage des Schulleiters sehr bemüht, während andere sich permanent auf Kosten anderer ausruhten. Das Problem an der Stelle: Der Schulleiter versammelte die »guten« Lehrer um sich herum und sprach in deren Gegenwart über die »schlechten« Kollegen. Wenn Schulleiter sich auf die Weise verhalten und somit ihrer Haltung ungewollt Ausdruck verleihen, vergiften sie die gesamte Schulkultur. Im Laufe der Lehrerfortbildung meldete sich ein Pädagoge zu Wort: »Kinder müssen lernen, dass ihr Verhalten Konsequenzen hat!« Wie ein pädagogisches Naturgesetz schallt dieser Gedanke durch unsere Schulen. Und ich sage ganz klar: Der Gedanke ist richtig. Nur nicht unbedingt in der Weise, wie er oft gemeint ist. Fast ausnehmlich bezieht sich das Gerede um Konsequenzen und Strafen auf

Schüler, deren Fehlverhalten nach Meinung unzähliger Pädagogen geahndet werden müsse. Nur mit »Zuckerbrot und Peitsche« würden Kinder lernen, im »richtigen Leben« Verantwortung zu übernehmen. Ignoriert wird dabei vor allen Dingen, dass das Verhalten von Pädagogen Konsequenzen hat. Alles, was pädagogisch Professionelle an einer Schule tun, erzieht und hat Vorbildcharakter. Eine Konsequenz ist zum Beispiel, dass Schüler mit dem von Lehrern und Schulleitern Vorgelebten direkt oder indirekt kooperieren. An besagter Schule beschrieben Pädagogen ein »Mobbing-Problem«. Kein noch so professionell anmutendes Anti-Mobbing-Programm wird das eigentliche Problem an der Wurzel packen. Wenn Lehrer und Schulleiter wirklich daran interessiert sind, Verantwortung für problematische Entwicklungen zu übernehmen, dürfen sie sich fragen: »Was hat das mit uns zu tun?« Würden wir Lehrer uns angewöhnen, diese Frage ernsthaft zu stellen – und zwar nicht als Schuldfrage –, könnten wir viele Reformbemühungen zu den Akten legen.

Die inneren Haltungen der an einer Schule arbeitenden Menschen können niemals durch äußere Impulse in Form von Konzepten, Schauwerten, Gesetzen oder Regeln vorgegeben oder ersetzt werden. Insofern bringt auch die »beste Reform« nichts, wenn sie von Menschen umgesetzt werden soll, die innerlich eine Haltung vertreten, welche mit dem Gehalt einer Reform nicht zu vereinbaren ist. Unseren authentischen Haltungen dürfen wir uns zuwenden als Voraussetzung dafür, dass in sinnvoller und schlüssiger Form Konzepte ausgehandelt und umgesetzt werden können.

Schulentwicklung hat etwas mit uns und unserer Geschichte zu tun. Wir (nicht die anderen) sind die verängstigten, am Pflock angebundenen Zirkuselefanten und solange wir das nicht anerkennen, werden wir auch die freisten Schulen und Schulkonzepte ungewollt mit dem ansteckenden Angstvirus infizieren.

In anerkennender Haltung dürfen wir uns fragen: Welche Werte waren uns in Bezug auf Schule in der Vergangenheit wichtig und auf welche Werte wollen wir uns verständigen, ohne uns einem »Werte-Zwang« zu unterwerfen? Können wir Werte benennen, die über die gängige Moral hinausgehen? Welche Werte sind *mir* wirklich wichtig? Sind meine mir bekannten Werte tendenziell Strandgut vergangener Konditionierungen oder Ausdruck meines authentischen Ichs? Sind meine persönlichen Werte als Mensch und Lehrer vereinbar mit institutionellen Werten oder sind die Unterschiede zwischen meinem Wertekanon und dem der Institution Schule so groß, dass destruktive Konflikte aufgrund potentieller Überkooperation oder Selbstverleugnung vorprogrammmiert sind? Je mehr Klarheit darüber herrscht, für welche zwischen- und mitmenschlichen Werte eine Schule tatsächlich steht und stehen will, desto mehr Vertrauen werden Schüler und Eltern den Pädagogen und deren Führungsstil entgegenbringen.

Kontaktaufnahme

Lernprozesse sind immer zustandsspezifisch und finden vor dem Hintergrund dessen statt, was und vor allen Dingen wie Menschen Gegenwart wahrnehmen. Die Beschäftigung mit einem Unterrichtsinhalt kann eine komplett andere Färbung annehmen, wenn sich Kinder und Jugendliche im Jetzt aufgehoben und »gesehen« fühlen. Meine Überzeugung ist die, dass junge Menschen die Qualität schulischer Prozesse inklusive des Verhaltens der sich dort aufhaltenden Erwachsenen auf Dauer in sich selbst abbilden. Wenn Schüler mit Lehrern zusammenarbeiten dürfen, die interessiert, anerkennend, verantwortungsbewusst, ruhig, respekt- und vertrauensvoll in Beziehung treten *wollen,* werden Kinder mit hoher Wahrscheinlichkeit kooperieren, indem sie über das vorbildhafte Verhalten ihrer Lehrer ähnliche Potentiale in sich erkennen und schließlich als Bedürfnis und Auftrag wahrnehmen. Und was kann es Schöneres für einen Lehrer geben, als Kinder dabei zu unterstützen, sich selbst und anderen Interesse, Respekt, Anerkennung und so weiter entgegenzubringen? Sich Schülern auf Augenhöhe zuzuwenden, ist nicht zwangsläufig verbunden mit einem unermesslichen Zeit- oder Kraftaufwand. Aus eigener Erfahrung kann ich sagen, dass sich die Qualität des Miteinanders bereits durch »Kleinigkeiten« erhöhen lässt. So kann ich als Lehrer am Anfang des Tages meine Schüler mit Handschlag begrüßen und ein paar freundliche Worte wechseln: »Hast du das Spiel gestern gesehen? Das war doch wohl ein Elfmeter, oder was? Mann, ich hab' mich so aufgeregt ...«.

Manchmal scheint der straffe Stundenplan nicht einmal solche »Inseln« zu ermöglichen. Aber an der Stelle sage ich ganz deutlich, dass ich die Verantwortung für ein gutes Miteinander niemals an einen Stundenplan oder andere Rahmenbedingungen abgeben will. Wenn es mir wirklich wichtig ist, meinen Schülern vor jeder fachlichen Auseinandersetzung von Mensch zu Mensch zu begegnen, dann muss ich Position beziehen. Kinder und Jugendliche wollen zunächst einmal auf Erwachsene treffen, die ganz deutlich signalisieren: »Ich bin gerne euer Lehrer und ich kann euch sehen!« Ich spreche wohlgemerkt nicht von einer Methode, um mit Schülern in Kontakt zu treten, damit sie bessere Ergebnisse erzielen. Mir geht es darum, Schülern gleichwürdig zu begegnen und begegnen zu wollen. Ich kann durchaus der Lehrer meiner Schüler sein, ohne mich wie ein klassischer Lehrer zu benehmen. Natürlich sind meine Schüler jünger und unerfahrener. Außerdem kommen sie unter ganz anderen Voraussetzungen in die Schule als ich. Aber sie sind – ich kann das gar nicht genug betonen – Menschen von gleichem Wert. Für mich gibt es absolut keinen Grund, einem Erst- oder Achtklässler mit anderen Beziehungsqualitäten zu begegnen als einem Erwachsenen. Es kommt selbstverständlich vor, dass ich in hektischen Zeiten Schülern gegenüber sehr unfreundlich auftrete, genauso wie ich unter Stress manchmal eine Kassiererin oder meine Partnerin angifte. Auch das gehört zum Leben dazu und ich will, dass meine Schüler sehen, dass es in Ordnung ist, auch mal unfreundlich, wütend oder was auch immer zu sein. Ich bin nicht perfekt und will gar nicht erst so tun, als wäre ich es. Ich kann aber im Nachhinein zu Schülern (oder anderen Menschen) gehen und mein Bedauern zum Ausdruck bringen, wenn ich deren Grenzen überschritten habe.

Manche Lehrer verstehen unter einem »guten Kontakt« permanenten Kontakt. Sie fordern eine Nähe ein, die von Schülern als integritätsverletzend und unecht wahrgenommen werden kann. Besonders krass erlebe ich diesen Zusammenhang teilweise im Rahmen offenen Unterrichts, in dem Schüler möglichst selbstständig Entscheidungen treffen und eigenaktiv ihrer Arbeit nachgehen sollen beziehungsweise dürfen. Das halte ich für geradezu unmöglich, wenn sie währenddessen umgeben sind von hyperaktiven Lehrern, die davon überzeugt sind, für alles und jeden zuständig zu sein. Oftmals behaupten diese Lehrer, dass Kinder von heute unfassbar viel Unterstützung bräuchten und ignorieren dabei, dass sie selbst diejenigen sind, die etwas brauchen, nämlich die Erfahrung, gebraucht zu werden. Sie halten ihre Schüler unbewusst an der kurzen Leine, damit sie die fehlende Selbstständigkeit durch Hilfestellungen kompensieren können. Der unbewusste Wunsch viele Lehrer, zum Zwecke der eigenen Wertsteigerung Schüler an sich zu binden, steht deutlich im Widerspruch zum Auftrag, junge Menschen auf dem Weg in die Selbstständigkeit zu begleiten. Das Verhalten von »Helikopter-Lehrern« signalisiert ungewollt Misstrauen und lässt Kinder irgendwann sich selbst gegenüber misstrauisch werden. Ich denke, dass unzählige Lehrer identifiziert sind mit der Überzeugung, ihr Wert als Mensch hinge ab von Leistungen, vom Grad der Aufopferungsbereitschaft und von der Anpassungs- beziehungsweise Leidensfähigkeit. Etliche Schüler kooperieren »richtig herum« und entwickeln sich zu leistungssüchtigen und normopathisch angepassten Menschen. Menschen, die von ihren Vorbildern den Gedanken übernommen haben, man müsse sich die Daseinsberechtigung durch Leistungen und Erfolge verdienen. Das, was wir Schülern mit und ohne Vorsatz an Lebenskonzepten vorleben und somit beibringen, sitzt tief, schlummert jedoch bisweilen über Jahre im Verborgenen. Eingefleischte Gedanken, Verhaltensweisen und Muster werden nicht so schnell abgestreift wie das in Tausenden von Unterrichtsstunden eingetrichterte Fachwissen. Ich habe oft erlebt, dass Schüler das Erlernte erst dann zur Anwendung bringen, wenn sie »außer Haus« sind.

Ein wenig ähnelt dieser Umstand folgendem Phänomen: Das Mädchen, das zu Hause nie den Tisch abdeckt, besucht eine Freundin und deren Familie. Als die Eltern der Freundin nach dem gemeinsamen Abendessen den Tisch abräumen wollen, springt das Mädchen auf und stürzt sich auf eine Arbeit, die es zu Hause komplett ignorieren würde. Den Hinweis der Erwachsenen, sich um das Geschirr nicht kümmern zu müssen, übergeht es galant. Als das Mädchen zurück nach Hause gebracht wird, hagelt es seitens der Eltern der Freundin Komplimente über »so ein gut erzogenes Kind«.

Auch an Schüler, die im Unterricht eher durch Passivität auffallen, wird das Erwachsenenkonzept »Wertsteigerung durch Werke« von Lehrern und Eltern weitergegeben. Davon kann ich wahrlich ein

Lied singen. Während ich mich als Schüler oft des Vorwurfs erwehren musste, nicht genügend Einsatz zu zeigen, gab ich als Berufstätiger Vollgas. Ich wollte dringend unter Beweis stellen, dass ich »trotz allem« ein wertvoller Mensch bin. Noch im Hamsterrad laufend und nach Luft ringend, flüsterte mir eine Stimme zu, ich sei ein fauler, unnützer Kerl und müsse dringend mehr bringen.

Zwischen Lehrern und Schülern sind die Beziehungen immer asymmetrischer Natur. Damit verbunden ist der klare Auftrag des Lehrers, vor dem Hintergrund der ihm übertragenen Macht die Verantwortung für die Qualität der Beziehungen zu übernehmen. Zur Beziehungskompetenz eines Lehrers zähle ich unbedingt die Bereitschaft und Fähigkeit, nicht »nur« Schüler, sondern auch *sich selbst* im Unterricht »einfach mal« in Ruhe zu lassen. Selbstverständlich gab es im traditionellen Unterricht schon immer Phasen, in denen Schüler still an ihren Aufgaben arbeiteten und Lehrer sich zurücknahmen. Mein Eindruck ist allerdings, dass die meisten Lehrer auch in Stillarbeitsphasen gedanklich ausschließlich mit Schülern, anstehenden Unterrichtsvorhaben, dem nächsten Elternabend oder dem Klassenbuch beschäftigt sind. Lehrer haben nie Zeit zu vergeuden, wollen immer effektiv sein und laufen dabei Gefahr, sich selbst zu verlieren. Besonders in meinen ersten Lehrerjahren gab es Tage, an denen ich nach sechs Stunden Unterricht die Schule verließ und einige Minuten vor der Schultür stehen blieb, um mir meiner selbst bewusst zu werden. Ich war völlig außer mir. Mittlerweile habe ich festgestellt, dass es für mich (und für meine

Schüler!) sehr wohltuend sein kann, wenn ich meinen Unterricht so plane, dass ich Zeit für mich und meine persönlichen Belange finde. Und damit meine ich eben nicht, mich mit »To-Do-Listen« auseinanderzusetzen, sondern mir meiner Bedürfnisse, Grenzen, Gefühle, Gedanken und auch meines Körpers gewahr zu werden. Während sich meine Schüler ihren Aufgaben widmen und darauf vertrauen können, dass sie nicht gestört werden, setze ich mich hin und gehe ganz bewusst in Beziehung mit mir. Das ist gerade zu Beginn nicht nur anspruchsvoller, als es klingen mag, sondern vor allem sehr ungewohnt. Schließlich beinhaltet die traditionelle Aufgabenbeschreibung des Lehrers die Fokussierung auf Erwartungshaltungen, Ziele und Abfolgen. Mit anderen Worten: Lehrer sind im Alltag ständig mit Vergangenheit und Zukunft beschäftigt. Ich kann jedoch immer nur jetzt in Beziehung gehen. Beziehung setzt Gegenwärtigkeit voraus. Wenn ich mit meinen Gedanken woanders bin als im Hier und Jetzt, kann ich weder zu mir, noch zu anderen eine wirkliche Verbindung aufnehmen.

Eine wunderbare Möglichkeit, sich in Gegenwärtigkeit zu üben, ist für mich folgende: Ich setze mich bequem an mein Lehrerpult und warte darauf, dass meine Schüler in ihre Arbeit eingestiegen sind. Nun nehme ich mit meinen Sinnen Impulse von innen und außen bewusst wahr. In Gedanken spreche ich Adjektive aus, die physikalische Eigenschaften des von mir mit Sinnen Wahrgenommenen benennen: feucht (Spucke im Mund), hart (Tischplatte), rot (Stift des Schülers), rund (Ziffernblatt der Uhr). Adjektive wie traurig, müde oder langsam beschreiben keine physikalischen Eigenschaften, sondern sind bereits deutend.

Meine Schüler staunten nicht schlecht, als ich eines Tages zu ihnen sagte:»Hört mal, ich mag euch wirklich, aber ich will in den nächsten zehn Minuten von niemandem angesprochen werden. Wenn ihr Hilfe braucht, denkt selbst noch einmal nach, fragt euren Nachbarn oder macht Fehler. Das werden wir überleben!« Selten hatte ich bis dahin eine so ruhige Unterrichtssequenz erlebt wie in jener Situation. Meine Schüler kooperierten mit meiner äußeren und inneren Ruhe. Vor Jahren sprach Jürgen Reichen[1] während einer Weiterbildung zum Thema »Lesen durch Schreiben« über die Kunst des »qualifizierten Nichtstuns«. Er hatte ja keine Ahnung, wie sehr ich in Resonanz ging mit diesem für mich auch heute noch so wertvollen Gedanken. Gerne will ich einladen, sich dem Gedanken und den Möglichkeiten des »qualifizierten Nichtstuns« zu öffnen. Im Moment des »qualifizierten Nichtstuns« kann ich mich zum Beispiel meinem »inneren Spielverderber« beobachtend zuwenden. Möglicherweise will er mir einreden:»Ich habe doch immer gewusst, dass du ein faules, kleines Stück bist!«

Nein, ich bin ganz bestimmt kein »faules, kleines Stück«, wohl aber jemand, der erkannt hat, dass sein Bedürfnis nach Ruhe und Alleinsein ausgeprägt ist. Und daher kann ich Schüler sehr gut verstehen, die

---

1 Jürgen Reichen begründete die Leselernmethode »Lesen durch Schreiben«.

angesichts der räumlichen Enge, des ständigen Zeit- und Leistungsdrucks und der unzähligen Fremder- wartungen in Schule irgendwann »Hilfe!« schreien. Ich gehöre zu den Menschen, die jeden Tag mindes- tens vier bis fünf Stunden im Wachzustand mit sich allein verbringen müssen, ohne dass jemand darüber nachdenkt, ob es mir dabei gut geht oder ob ich auch fleißig genug bin. Andernfalls werde ich auf Dau- er ungehalten oder irre. Um mir das einzugestehen, brauchte ich ungefähr vierzig Jahre. Wäre ich heutzu- tage Schulkind und damit ein Mensch, der die meis- te Zeit des Tages von Erwachsenen durchdacht wird, unter Daueraufsicht steht und fremden Erwartun- gen entsprechen muss, könnten Therapeuten wahr- scheinlich viel Geld an mir verdienen.

Wir täten gut daran, Kindern deutlich mehr er- wachsenen- und schulfreie Zeiten und Zonen anzu- bieten. Keine pädagogisch wertvollen Angebote und kein zwanghaftes Nachdenken über Kinder! Bezie- hungskompetenz hat mit Quantität zunächst einmal nicht viel zu tun. Wir müssen jungen Menschen nicht permanent physisch zur Seite stehen oder über sie nachgrübeln. Schüler sind keine Patienten.

Nachdem ich selbst erste wohltuende und nach- haltige Erfahrungen mit Achtsamkeitsübungen ge- sammelt habe, lade ich nun regelmäßig meine Schüler zu solchen Übungen ein. Viele nehmen die Angebote sehr gut an und berichten anschließend davon, dass sie sich währenddessen intensiv spüren und entspan- nen konnten. Besonders erfreulich ist für mich, dass wir darüber hinaus an unserer Schule einige »Achtsamkeits-Inseln« für Pädagogen eingerichtet haben. Jede Teamsitzung beginnt mit einer Phase des empathischen Zuhörens und zumindest an einem Tag der Woche treffen sich einige Kollegen zur gemeinsamen Meditation. Auch wenn ich den Punkt Achtsamkeit in der Schule hier nur kurz vorstellen und ansonsten auf andere Veröffentlichungen[2] verweisen will, kann ich gar nicht genug betonen, für wie wichtig ich das Thema halte, auch wenn ich genau weiß, dass es häufig belächelt wird. Für alle an Schule Beteiligten sind die Arbeitsbedingungen teilweise extrem belastend. Das entlässt uns Lehrer keineswegs aus der Verantwortung, im Rahmen dessen, was aktuell möglich ist, besser für uns und unsere Schüler zu sorgen. Und da können Phasen sehr hilfreich sein, in denen Schüler und Lehrer bewusst bei sich ankommen dürfen. Ich glaube, wir könnten sofort und ohne finanziellen Aufwand dafür sorgen, dass es Schülern *und* Lehrern besser geht. Aber einfache Lösungen sind gerade in Schulen bekanntermaßen nicht so richtig viel wert.

---

2 z. B. Jensen, Helle: *Hellwach und ganz bei sich. Achtsamkeit und Empathie in der Schule.* Juul, Jesper; Hoeg, Peter; Bertelsen, Jes; Hildebrandt, Steen; Jensen, Helle; Stubberup, Michael: *Miteinander. Wie Empathie Kinder stark macht.* Kaltwasser, Vera: *Achtsamkeit in der Schule. Stille-Inseln im Unterricht: Entspannung und Konzentration.* DVD: *Ruhe und Präsenz in der Schule. Hilfe im Schulalltag für Fachleute und Eltern.* DVD: *Die 9. Intelligenz – die Intelligenz des Herzens* (beide zu beziehen über www.familylab.de).

Beweislast

Die Überzeugung, ein Schüler bilde in der Auseinandersetzung mit einer schulischen Aufgabe eine Art abgeschlossenes Universum und die Qualität von Lernprozessen hinge ausschließlich ab von intellektuellen Voraussetzungen, ausreichend Motivation, einer strukturierten Lernumgebung und den verständlichen Anweisungen einer fachlich-methodisch qualifizierten Lehrkraft, ist aus meiner Sicht zu kurz gegriffen. Der gesamte Kontext und in besonderer Weise das »Dazwischen«, also das, was sich auf der Beziehungsebene abspielt, nimmt deutlich Einfluss auf menschliches Wohlbefinden und damit auf schulisches Lernen. Manchmal werde ich gefragt, woher ich das wisse. Mittlerweile störe ich mich ein wenig daran, zwei bis fünf wissenschaftliche Beweise vorzeigen zu müssen, um schwarz auf weiß zu belegen, was wir alle in unserem Leben wahrscheinlich unzählige Male erlebt haben. Obwohl ich mich für schulrelevante Studien wirklich interessiere, stimmt mich der Ruf nach wissenschaftlichen Befunden bisweilen nachdenklich. Ich sauge neue Forschungsergebnisse wirklich auf wie ein Schwamm und freue mich über fundierte Aussagen, beispielsweise aus den Neurowissenschaften. Aber: Wir neigen nach meiner Einschätzung tendenziell dazu, Studien deutlich mehr Gehör zu schenken als unserem inneren Wissen. Ich brauche keinen schriftlichen Beweis dafür, dass die Berührung einer heißen Herdplatte Schmerzen verursacht. Ich weiß es, weil ich den Schmerz erlebt habe. Ich habe auch den Schmerz der Zurückweisung erlebt und schließlich festgestellt, dass mein Denkapparat nicht richtig »funktioniert«, wenn er von belastenden Gefühlen wie zum Beispiel der Angst vor einer erneuten Zurückweisung oder Zurechtweisung überflutet wird. Manchmal bin ich beim Lesen eines Fachbuches tief bewegt, weil der Autor etwas aufgreift, was ich selbst erlebt habe. Ohne die am eigenen Leib gemachten Erfahrungen wäre das Gelesene für mich allerdings von weitaus weniger Bedeutung.

Jeder von uns kann vermutlich etliche Geschichten zum Besten geben, die davon erzählen, dass das eigene Leistungsvermögen und die Fähigkeit, sich intensiv auf kognitive Herausforderungen einzulassen, merklich nachließ, wenn die Beziehungsebene gestört war. Ich selbst erinnere mich an diverse berufliche Situationen, die für mich nicht wegen des fachlichen Niveaus, sondern aufgrund des zwischenmenschlichen Kontextes unlösbar schienen. Besonders viele Fehler unterliefen mir immer dann, wenn mir von Vorgesetzten Misstrauen entgegengebracht wurde und ich unter Bewährung stand. Ich denke dabei besonders an meinen ersten Schulleiter, der mich eines Nachmittags im Schulflur warten ließ, während er mit Eltern aus »meiner« Klasse sprach. Sie trugen in meiner Abwesenheit Beschwerden über mich vor und forderten personelle Veränderungen. Nach dreißig Minuten »durfte« ich hinzukommen und mein Vorgesetzter begrüßte mich lächelnd mit den Worten: »So, Sie haben jetzt die Möglichkeit, etwas zu Ihrer Verteidigung zu sagen.« Am nächsten Morgen war ich ganz bestimmt kein besserer Lehrer. Ich meine, wir sollten uns regelmäßig an schwierige Situationen mit Vorgesetzten oder anderen Menschen erinnern, um zu erahnen, wie es vielen Schülern täglich ergehen mag. Schüler erzielen keine besseren Leistungen, wenn sie mit Lehrern zusammenarbeiten müssen, die Druck machen und nicht in der Lage sind, einen konstruktiven Kontakt herzustellen. Im Gegenteil! Schüler, die vom Lehrer vor die Klasse zitiert werden und unter Androhung einer schlechten Note eine anspruchsvolle Aufgabe lösen sollen, können sich nicht mit voller Kraft und Aufmerksamkeit auf eine komplexe Aufgabe einlassen. Viel zu sehr befinden sie sich im Verteidigungsmodus, in dem intelligentes und kreatives Problemlösen massiv beeinträchtigt ist (das ist übrigens wissenschaftlich erforscht).

Ich kann mich Neuem nicht wirklich zuwenden, wenn ich mich zur gleichen Zeit angesichts möglicher oder bereits geschehener Integritätsverletzungen verteidigen muss. Wenn ich mich mit mathematischen Inhalten auseinandersetze und gleichzeitig aufgrund früherer Erfahrungen eine tiefe Angst vor den möglichen Integritätsverletzungen eines Lehrers verspüre, werde ich mich nicht nur weniger intensiv auf Fachinhalte und den jeweiligen Lehrer einlassen können, sondern ich werde darüber hinaus sehr wahrscheinlich eine Verbindung aus Mathematik, Lehrer und Angst herstellen und als »Gesamtpaket« abspeichern. Auch Jahre später kommen dann möglicherweise Ängste in mir hoch, sobald ich Situationen beziehungsweise Menschen erlebe, die mich an die Ursprungserfahrung erinnern. Erfahrungen hallen nach. Nachhaltiges Lernen ist immer ein Erfahrungslernen im Geflecht der Beziehungen. Ich speichere nicht nur einen Inhalt (Was) ab, sondern in besonderer Weise auch die Qualität des Prozesses (Wie). »Die Welt, in der wir leben«, so Martin Buber, »entsteht aus der Qualität unserer Beziehungen.« Eingedenk der Tatsache, dass wir leben, solange wir leben, und dass damit auch der einigermaßen banale Satz formuliert werden darf, dass es in Schule Leben gibt, will ich gerne sagen: »Die Schulen, in denen wir leben, entstehen aus der Qualität unserer Beziehungen.« Die Qualität schulischer Beziehungen entscheidet über die Qualität unserer Schulen. Das bedeutet in letzter Konsequenz, dass wir uns vermehrt darum kümmern sollten, *wie* wir uns auf jemanden oder etwas beziehen, statt uns ausschließlich der Frage zu widmen, *was* wir in Schule konkret machen.

Unwichtig ist die Frage nach dem, *was* wir in Schule tun, ganz sicherlich nicht. Zunächst aber muss uns der Punkt interessieren, *wie* wir Prozesse und damit Beziehungen gestalten wollen. Wenn in Schule das *Wie* ernst genommen wird, werden sich nach meiner Überzeugung inhaltlich-konzeptionelle Fragen teilweise sogar erübrigen oder neu stellen. Ein Kollegium, das sich auf den Wert Gleichwürdigkeit einigt und darüber hinaus auf Möglichkeiten, zukünftig im professionellen Erfahrungsaustausch über diesen Wert zu bleiben, wird sich in einem zweiten Schritt kaum über einen Methodenkoffer zur Disziplinierung von Schülern ins Benehmen setzen. Ich wage außerdem zu bezweifeln, dass ein Kollegium, dem der Wert Integrität am Herzen liegt, einen Unterricht gestalten will, der die individuellen Interessen, Bedürfnisse, Grenzen, Begrenzungen und das Phänomen der interindividuellen/intraindividuellen Variabilität missachtet.

Die wichtigsten Erfahrungen, die wir im Laufe des Lebens machen und die unmittelbaren Einfluss nehmen auf die Organisation und Strukturierung unseres Gehirns und damit auf unsere Biologie, sind Beziehungserfahrungen. Alles, was Menschen wahrnehmen, läuft überwiegend unbemerkt durch den Filter vergangener Beziehungserfahrungen. Auch unser »Sich-in-Beziehung-Setzen« mit dem Thema Schule ist geprägt von denjenigen Erfahrungen, die wir in der Vergangenheit mit anderen Menschen machten und aus denen unser Gehirn mentale Modelle ableitete. Während wir uns also zum Thema Schule austauschen, hallen in uns noch immer Erfahrungen längst vergangener Zeiten nach, ohne dass wir uns derer explizit erinnern. Und ich meine, die Behauptung aufstellen zu dürfen, dass die meisten Erwachsenen und damit auch die meisten Schulgestalter unbewusst beeinflusst sind von jener Erfahrung, die in unseren Breitengraden so verbreitet ist, dass sie »normal« ist und deswegen kaum noch auffällt: Angst.

Wir haben Angst davor,

- nicht geliebt und »gesehen« zu werden.
- wert- und bedeutungslos zu sein.
- allein zu sein.

Und weil viele von uns in ihren Ursprungsfamilien und später in Schule die Erfahrung machten, dass es an uns und unseren »Fehlern« lag, wenn uns das Leben übel mitspielte, haben wir heute eine panische

Angst davor, Fehler zu begehen und uns am Leben zu versündigen. Wir müssen erwachsen werden und Verantwortung übernehmen für die Essenz unserer Schulanliegen. Ich glaube fest an folgenden Effekt: Das Vertrauen ins Gelingen begünstigt Gelingendes. Die Angst vor dem Nichtgelingen provoziert Nichtgelingendes.

Wir meinen sehr oft, im Kontext Schule ginge es ausschließlich um Sachfragen und den Austausch von Argumenten. Dabei bemerken wir nicht, dass wir in einer »Angst-Blase« gefangen sind. Wie auch? Nachdem wir unzählige Male mit Sprüchen wie »Du musst doch keine Angst haben!« oder »Angsthase, Pfeffernase!« konfrontiert wurden, spalteten wir Gefühle von Kleinheit, Schwäche und Angst ab. So oft nehme ich wahr, dass Bemühungen um bessere Schulen, Konzepte, Reformen, Rahmenbedingungen und Unterrichtsvorhaben durchtränkt sind von extremen, wenn auch unterschwelligen Ängsten.

Vor einiger Zeit las ich einen Artikel in der Leipziger Volkszeitung mit der Überschrift »785 Wörter – das reicht«. Anhand eines vorgestellten Schreiblernkonzeptes wurde das Für und Wider schulischer Reformen diskutiert. Dazu verfasste ich einen Leserbrief, den ich hier anfüge:

»Kinder kooperieren immer. Dieser Zusammenhang ist hinlänglich erforscht. Wir dürfen uns fragen, wie die Kooperationsleistung von Kindern aussieht, die das Schreiben erlernen und praktisch vom ersten Tag an auf Erwachsene treffen, deren pädagogisches Handeln do-

miniert wird von der Frage: ›Wie können wir das Scheitern, wie können wir die Rechtschreibkatastrophe ver-
hindern?‹ Kinder können angesichts verängstigter und
defizitorientierter Erwachsener ihre Fähigkeiten nicht
entfalten. Stattdessen kooperieren sie mit den negativen Erwartungen der Erwachsenen, indem sie diese
erfüllen.

Ich arbeite seit zwölf Jahren als Lehrer und habe
nach zermürbenden Grabenkämpfen um die ›richtigen‹
Konzepte schließlich zwei sehr einfache Entdeckungen
gemacht: Die Diskussionen um Konzepte werden über-
bewertet. Und: Die Art und Weise, wie wir über Schule und Schüler sprechen, ist die Katastrophe an sich.
Denke ich an Schule, denke ich an Belastendes. Denke ich an Schüler, denke ich an potentielle ›Problem-
kinder‹. Das sagt etwas aus über uns – weniger über
unsere Schüler. Kinder und Jugendliche brauchen von
uns Lehrern keine ›perfekten‹ Methoden. ›Lesen durch
Schreiben‹ kann ein wunderbarer Weg sein, junge Menschen in die Welt der Schriftsprache zu führen. Gleiches
trifft mit Sicherheit auf die vorgestellte Methode ›785
Wörter‹ zu. Die entscheidende Frage ist nicht, *was* für
Rechtschreibkonzepte wir wählen, sondern *wie* wir mit
Kindern und Jugendlichen in Beziehung treten, während
wir uns der Rechtschreibung zuwenden. Der Prozess
bestimmt den Inhalt. Wir sollten endlich anfangen, uns
zu fragen, wie wir unser Vertrauen in Schule und in die
dort lernenden Schüler stärken können. Denn eines
kann ich mit Sicherheit sagen. Kinder und Jugendliche
brauchen Vertrauen.«

Gelingensgeschichten und Ausblick

»Man muss ins Gelingen verliebt sein,
nicht ins Scheitern.«

Ernst Bloch

Sich dem Bild des Gelingens zuzuwenden, mag einfach klingen. Leicht ist es deswegen nicht unbedingt. Besonders für jene, die in einem Umfeld aufwuchsen, in dem sich Menschen eher über das Nichtgelingen als über das Gelingen austauschten. In meiner Familie handelten die meisten Gespräche von Problemen, vom Nichtgelingen und von denjenigen, die vermeintlich die Schuld am Nichtgelingen trugen. Mit Hilfe des Defizits (der anderen) entwickelten sich Solidargemeinschaften und abendfüllende Gespräche. Dem Überbringer schlechter Botschaften war die Aufmerksamkeit gewiss.

Gibt es ein geeigneteres Thema, um von anderen »gesehen« zu werden, als das, das sich im weitesten Sinne mit dem Nichtgelingen in Schule, Pädagogik und Erziehung befasst? Ich weiß es nicht, aber ich wage die Behauptung aufzustellen, dass es zumindest in die Top Ten der beachtenswerten Themen gehört. Ich denke, dass gerade im schulischen Umfeld viele (wunderbare) Menschen kaum bewusste Strategien zur Befriedigung des Bedürfnisses nach Beachtung entwickelt haben und süchtig sind nach Stoffen, die das Bedürfnis nach Beachtung zu stillen versprechen.

Sie »brauchen« den Austausch über Nichtgelingendes, um von anderen bemerkt zu werden und sich mit ihnen verbunden zu fühlen. Wenn wir davon sprechen, dass das Schulsystem krankt, dürfen wir uns fragen, was der mögliche Krankheitsgewinn ist. Ich glaube, eine Teilantwort könnte lauten: (scheinbare) Beachtung. Ich bin der Meinung, dass ein Lehrer, der den Mut aufbringt, einen Kollegen oder einen Freund bewusst um Beachtung zu bitten, einen wichtigen Schritt Richtung Verantwortungsübernahme geht. Er wählt eine bewusste Strategie zur Erfüllung des Bedürfnisses nach Beachtung und sorgt damit für sich selbst, anstatt anderen die Schuld an seinem Elend und am Nichtgelingen zu geben.

Wenn sich ein Lehrer nicht mehr automatisch von Überlebenstrategien leiten lässt, sondern stattdessen Lebenstrategien zur Befriedigung bewusster Bedürfnisse entwickelt, wächst sein Vertrauen in das eigene Tun und in der Folge sein Vertrauen in Schüler, Eltern und Kollegen. Er ist nicht mehr darauf angewiesen, eigene Symptome zu kreieren, über »unerreichbare« Schüler zu fachsimpeln oder die Inkompetenz seiner Kollegen anzuprangern, um bemerkt und für seinen »Durchblick« wertgeschätzt zu werden. Für mich gibt es keinen Zweifel, dass Kinder und Jugendliche langfristig mit vertrauensvollen und vertrauenserweckenden Lehrern kooperieren, indem sie sowohl ihm als auch sich selbst Vertrauen entgegenbringen. Der Lehrer wird zum Vertrauenslehrer. Ist der Leistungsgedanke damit außer Kraft gesetzt? Nein, ganz und gar nicht. Für mich sind erbrachte Leistungen keine Bedingungen, um sich das Vertrauen anderer zu verdienen. Leistungen erfolgen, wenn Menschen darauf vertrauen dürfen, dass sie als die Individuen »gesehen« werden, die sie sind.

Mich dem Gelingen zu öffnen, heißt, mit der Idee Schule Freundschaft zu schließen. Voraussetzung ist, das anzuerkennen, was Schule jetzt ist, und uns so anzunehmen, wie wir Lehrer, unsere Schüler und deren Eltern sind. Eine Reise beginnt immer genau an dem Punkt, an dem die Reise beginnt. Ich halte es für einen schweren Entwicklungshemmer, jeden und alles im schulischen Umfeld mit derber Kritik und beschämender Schuld zu überschütten. Alle, wirklich alle, die in irgendeiner Form an Schule beteiligt sind, geben jeden Tag ihr Bestes. Wir müssen ganz sicher nicht mit allem einverstanden sein, was Lehrer, Eltern, Kinder, Jugendliche, Politiker, Schulleiter und Hausmeister konkret tun oder nicht tun. Aber wir dürfen lernen, uns gegenseitig mit unseren Bemühungen, unserer Lebensgestaltung und unseren (Überlebens-) Strategien anzuerkennen und wertzuschätzen. *Das* wäre Schulentwicklung.

Wenn ich als Lehrer den Weg des Gelingens beschreiten will, darf ich meine impliziten »Ja-aber-Konditionierungen« explizit machen und überwinden. Damit ist nicht gemeint, alte Konditionierungen und Menschen, die mich in meiner Kindheit und Jugend konditionierten, zu verteufeln oder zu ignorieren. Konditionierungen gehören zu uns, da es unsere Natur ist, konditioniert zu werden. Die Neigung, sich und andere für vergangene Konditionierungen zu kritisieren, ist letztlich nichts anderes als das Ergebnis übernommener Reiz-Reaktions-Muster. Weder als Lehrer noch als Eltern sollten wir uns einem »Konditionierungs-Verbot« unterwerfen. In dem Moment, in dem wir den Versuch unternähmen, Kinder nicht mehr zu konditionieren, würden wir natürlich genau das schon wieder tun. Einfach deswegen, weil Menschen nicht nicht kooperieren können. Erwachsene müssen Verantwortung übernehmen (nicht zu verwechseln mit Kontrolle) für sich und den Einfluss, den sie als Kooperationspartner bewusst und unbewusst auf Kinder und Jugendliche ausüben. Sie müssen wissen, dass das Verhalten und die Gesamtentwicklung junger Menschen nur im Kontext der wichtigen Beziehungen verstanden werden kann.

Wollen wir, dass Kinder und Jugendliche in Schule auf der Basis eines gesunden Selbstwertgefühls ihren ganz eigenen Weg gehen? Die Antwort »Ja!« würde für uns Lehrer nicht nur bedeuten, dass wir unseren Auftrag und unser Lehrerselbstverständnis überdenken müssten, sondern dass wir Schülern sehr wahrscheinlich ganz andere Angebote unterbreiten müssten, als solche, die an Standards ausgerichtet und von Ängsten motiviert sind. Wir müssten etwas riskieren, das mögliche Scheitern in Betracht ziehen, in gewisser Weise sogar ziellos sein.

> *»Das Leben ist ein Geheimnis, das gelebt*
> *und nicht ein Problem, das gelöst werden muss.«*
> Gabriel Marcel

Einige »Gelingens-Blitzlichter« aus Vergangenheit und Gegenwart:

Unlängst fiel mir wieder das Buch »Schule kann gelingen! Wie unsere Kinder wirklich fürs Leben lernen« von Enja Riegel in die Hände. Alltagstauglich und konkret erfährt der Leser, wie Enja Riegel – ehemalige Schulleiterin der Helene-Lange-Schule in Wiesbaden – gemeinsam mit Kollegen, Eltern und Schülern eine »gewöhnliche« Schule aus dem Winterschlaf riss und über Jahre zu einer einzigartigen, »gelingenden« Schule entwickelte.[1]

Auch eine andere Geschichte macht Mut: Jugendliche fordern sich selbst heraus, wenn sie mit dem Fahrrad von Hamburg auf die Zugspitze fahren. So geschehen 2007, als sich Schüler der Hamburger Reformschule Winterhude gemeinsam mit (nur begleitenden und wenig eingreifenden) Erwachsenen diesem waghalsigen Unterfangen stellten. Mit Erfolg. Mittlerweile bieten viele Schulen Projekte an, in denen Jugendliche eingeladen werden, sich selbst gewählten Herausforderungen zu stellen.

Ein weiteres Beispiel für eine »Gelingensgeschichte« liefert die Montessori-Gesamtschule in Potsdam, wo Schüler und Lehrer über Jahre ein verlassenes Gelände rekultivierten und für sich nutzbar machten. Schule wird hier entschult und lädt ein zur Erprobung eigener Selbstwirksamkeitskonzepte. Während des Bodenseekongresses unter dem Titel »Arche Nova – Die Bildung kultivieren!« (2011) sprach Reinhard Kahl mit Ulrike Kegler, Leiterin besagter Schu-

---

1 Riegel, Enja: *Schule kann gelingen. Wie unsere Kinder wirklich fürs Leben lernen.*

le, über dieses Projekt. Sie berichtete davon, dass das Vorhaben mehrmals zu scheitern drohte und alle Beteiligten regelmäßig an persönliche Grenzen stießen. Frau Keglers Botschaft: Erst an der Grenze des Machbaren erfahren Menschen, was möglich ist. Sie erfahren das, was der Mathematiker, Physiker, Literat und katholische Philosoph Blaise Pascal mit den Worten ausdrückte: »Der Mensch übersteigt unendlich den Menschen.«

Was brauchen Schüler, damit sie sich selbst übersteigen?

• Schüler brauchen Lehrer, die sie »sehen« wollen.

• Sie brauchen sinnvolle und an persönliche Erfahrungen anknüpfende Herausforderungen, an denen sie wachsen und mit deren Hilfe sie sich selbst übersteigen können.

• Sie brauchen Lehrer, die Verantwortung übernehmen für ihre Werte und die Qualität der Beziehungen.

• Sie brauchen Lehrer, denen die persönliche Integrität des Einzelnen wichtiger ist als jedes pädagogische Ziel.

• Sie brauchen Lehrer, die bewusst auf ihre physische und mentale Gesundheit achten, denn Gesundheit ist genauso wie Krankheit ansteckend.

• Sie brauchen Lehrer, die einen sehr großen Sack Geld zur Verfügung gestellt bekommen, damit sie die

Rahmenbedingungen schaffen können, innerhalb derer sie und die Schüler gesund bleiben können. (Die Folgen fehlender Qualität kosten auf lange Sicht deutlich mehr, als in höhere Qualität zu investieren.)

Welche Qualitäten machen einen Lehrer der Zukunft aus und welche Auswirkungen könnten diese auf unsere Schulen haben? Hierzu will ich einige Gedanken anbieten, ohne daraus eine Art Formel ableiten zu wollen.

Ein Lehrer der Zukunft sieht sich nicht als Erfüllungsgehilfe und passiver Vertreter des Systems Schule. Er versteht sich als aktiver und bestimmender Teil des Schulsystems und übernimmt Verantwortung für das, was in Schule auf der inhaltlichen und prozessualen Ebene geschieht. Im Gegensatz zum Lehrer, der seine Professionalität und Autorität darüber definiert, Schülern Grenzen zu setzen und den »richtigen« Weg vorzugeben, respektiert er Grenzen und stellt Räume zur Verfügung, innerhalb derer junge Menschen die eigenen Grenzen erweitern können. Ein Lehrer der Zukunft schafft keine Laborbedingungen, sondern Lebens-Räume, in denen Kinder und Jugendliche *am* Leben *fürs* Leben lernen. In Lebens-Räumen ist Bewegung kein Störfaktor, sondern Bedingung für Wachstum. Kinder, Jugendliche und Erwachsene werden eingeladen, sich im Spannungsfeld zwischen Integrität und Kooperation zu bewegen. Sie bewegen sich hin zu dem, was nährt und nützt und weg von dem, was schadet. Und sie wenden sich mit Hilfe ihrer Aggressionen gegen das, was Integrität bedroht, ohne die Integrität anderer zu missachten.

Die Haltungen eines Lehrers der Zukunft wurzeln in Werten wie Gleichwürdigkeit, Integrität, Verantwortung, Vertrauen und Empathie. Er verfügt über Selbstführungskompetenz und handelt auch in unruhigen Zeiten aus seinen Werten heraus. Dadurch dient er jungen Menschen als Vorbild in Bezug auf das Thema Verantwortungsübernahme. Ein Lehrer der Zukunft versteht Schule als einen Lebensort, von dem aus »Reisen mit ungewissem Ausgang« beginnen. In »Lebens-Räumen« erleben Kinder und Jugendliche Grenzen und Konsequenzen, ohne dass Erwachsene ihnen künstlich Grenzen setzen oder Konsequenzen androhen. In der persönlichen, herausfordernden und potentiell konfliktreichen Begegnung mit sich selbst und anderen erfahren Menschen den Zusammenhang zwischen Integrität und Kooperation nicht als Bedrohung, sondern als Kraftfeld. Diese Erfahrung könnte man in folgende Worte fassen: »Wir ziehen an einem Strang. Gemeinsame Ziele können wir nur in dem Wissen um Interdependenz erreichen, das heißt wir machen uns bewusst voneinander abhängig, ohne unsere Individualität zu verleugnen. Unterschiedlichkeit ist kein Hindernis, sondern Bedingung für gemeinsames Wachsen. Wir sind nicht gleich und müssen es nicht sein. Wir sind keine Konkurrenten, sondern individuelle Teile eines Ganzen.«

Wenn wir darüber nachdenken und ins Gespräch kommen, wie wir uns Schule in Zukunft vorstellen, sollten wir uns freundlich dazu ermutigen, nicht den zweiten vor dem ersten Schritt zu gehen. Weitaus wichtiger als die Suche nach neuen Unterrichtskonzepten ist zunächst einmal die Frage, mit welcher

Motivation und Geisteshaltung wir Schule denken und fühlen wollen. Selbstverständlich sind wir als Lehrer aufgefordert, regelmäßig über den Tellerrand zu schauen und uns mit Hilfe neuester Forschungsergebnisse weiterzubilden. Aber der Ausgangspunkt schulischer Entwicklung sollte nach meinem Dafürhalten nicht ausschließlich »neues Wissen« oder gar irgendeine Deutungshoheit sein. Mein Wunsch: Lasst uns zum Anfang zurückkehren und »naive« Fragen stellen. Ich meine, das ist der Zauber, der jedem Anfang innewohnt. Kein Zauber ist aufgrund irgendeines intellektuellen Anspruchs ein Zauber. Wir dürfen uns daran erinnern, was uns wirklich wichtig ist. Wie wollen wir leben? Nicht: Was müssen wir tun, um zu überleben.

Andy Warhol meinte: »Man sagt, dass die Zeit alle Dinge verändert. Aber in Wirklichkeit musst du sie selbst verändern.«[2]

Es ist an der Zeit, dass wir Verantwortung für uns und unsere Schulen übernehmen. Anstelle des abfälligen Geredes über *die* Lehrer, *die* Schüler, *die* Eltern dürfen wir uns im Dialog begegnen und uns zu erkennen geben. »Also, hör mal: Es gibt nun mal Eltern, die *sind* verantwortungslos, faul, übergriffig, unkommunikativ, frech, altmodisch, dumm, überfürsorglich, schlecht, unmöglich, empfindlich!« »Nein, das *sind* sie nicht. Du sprichst gerade über dich und deine Einstellungen. Für deine Einstellungen bist nur du ver-

2 Warhol, Andy: *Die Philosophie des Andy Warhol von A bis B und zurück.*

antwortlich. Wenn du so über Eltern denkst, ist das so, aber du solltest dir deiner Sprache bewusst werden und eher über dich sprechen, anstatt Eltern zu definieren. Eltern sind. Was ist mit dir? Willst du mir sagen, was du brauchst?«

In dem Wunsch nach Veränderungen dürfen wir unsere Mitmenschen nicht wie Knetgummi-Menschen behandeln und sie nach unseren Vorstellungen modellieren. Auch ich nicht. Veränderungen beginnen mit mir. Ich gehe eine innere Verpflichtung ein und erinnere mich daran, dass auch für mich gilt: Der Prozess bestimmt den Inhalt. Es ist gar nicht so entscheidend, was ich mir vornehme, sondern wie ich meine Vorhaben umsetze und mir und anderen dabei begegne.

Das Thema Schule ist für mich eine Herzensangelegenheit. Auch zukünftig werde ich mich im Rahmen meiner Möglichkeiten darum bemühen, dass Schule für alle Beteiligten ein menschenfreundlicherer Ort wird. In diesem Zuge will ich eine innere Verpflichtung eingehen: Ich lasse meine Mitmenschen so, wie sie sind. Und wenn ich doch in den alten Trott gerate, besuche ich kein Nachhilfeinstitut, sondern erkenne mich und meine Bemühungen an.

Bevor ich nun etwas müde, aber einverstanden einen Schlusspunkt setze, will ich abschließend sagen, dass mich eine Frage umtreibt:

Ist es mir gelungen, diesen Text im Sinne einer Einladung zu formulieren oder klingen meine Worte wie ein Vorwurf in Richtung meiner Lehrerkollegen?

Ich weiß es wirklich nicht. Sollte der eine oder andere Lehrer aus meinen Gedanken einen persönlichen Angriff heraushören, will ich darüber mein Bedauern zum Ausdruck bringen. Ich wollte und will niemanden anklagen, bin mir gleichwohl vollkommen im Klaren darüber, dass mein Schreibstil geprägt ist von biographisch bedingten Mustern. Davon sind mir einige bekannt, andere nicht.

Nachtrag

Manchmal stelle ich mir vor, ich wäre ein Schüler mit dem Wissen und den Erfahrungen von heute. Was wünschte ich mir von meinen Lehrern?

• Ich möchte darauf vertrauen, dass du mich und meine Integrität respektierst.

• Ich möchte darauf vertrauen, dass du dich an das hältst, was du sagst.

• Ich möchte darauf vertrauen, dass du mich als gleichwertigen Menschen siehst.

• Ich möchte darauf vertrauen, dass meine Wünsche, Anschauungen, Bedürfnisse und Gefühle ernst genommen werden. Bitte unterlasse es, mich zu definieren.

• Ich möchte darauf vertrauen, dass du die Verantwortung für die Qualität unserer Beziehung übernimmst. Auch dann, wenn dir mein Verhalten nicht gefällt.

• Ich möchte darauf vertrauen, dass du mich nicht instrumentalisierst.

• Ich möchte darauf vertrauen, dass ich dir wichtiger bin als dein pädagogisches Ziel.

• Ich möchte darauf vertrauen, dass du mir gegenüber Widerstand leistest, ohne mir Schaden zuzufügen.

• Ich möchte darauf vertrauen, dass du Vertrauen hast. Ich hasse es, wenn du besorgt um mich bist.

• Ich möchte darauf vertrauen, dass du dich nicht hinter einer Lehrerrolle, Schulregeln und Sanktionen versteckst. Wenn du dich versteckst, werde ich solange deine Grenzen strapazieren, bis du dich zeigst.

• Ich will darauf vertrauen, dass du mir nicht die Schuld gibst, wenn mal etwas nicht gut läuft.

• Ich will darauf vertrauen, Fehler machen zu dürfen.

• Ich will darauf vertrauen, dass du meine Verantwortung mir überlässt. Es ist allein meine Entscheidung, ob ich Hausaufgaben mache oder nicht.

• Ich will darauf vertrauen, dass du für mich da bist, wenn ich dich brauche.

• Ich will darauf vertrauen, dass du mich in Ruhe lassen kannst.

• Ich will darauf vertrauen, dass du mir glaubst.

• Ich brauche dein Vertrauen und nicht dein Misstrauen. Wenn du mir misstraust, ist das dein Problem und nicht meins. Du kannst von mir nicht erwarten, dir zu vertrauen, wenn du mir misstraust.

• Wenn ich mich auf Neues einlassen will oder soll, brauche ich dringend eine von Vertrauen geprägte Lernumgebung. Unter Druck und Angst kann ich nicht gut lernen.

• Ich will darauf vertrauen, dass du konstruktiv mit meinen Eltern arbeitest. Ihr seid die Erwachsenen.

• Ich will darauf vertrauen, dass du mein Leben nicht zu deinem Projekt machst. Denn ansonsten kann ich es nicht zu meinem machen.

• Ich will darauf vertrauen, dass diese Schule für mich gemacht ist und nicht ich für das Konzept Schule.

• Erwachsene haben so viel Macht über mich (physisch, finanziell, politisch, geographisch, spirituell, emotional, existentiell, intellektuell). Ich will darauf vertrauen, dass du deine Macht nicht missbrauchst.

• Ich will darauf vertrauen, dass du »nein« sagst, wenn du »nein« meinst, und »ja« sagst, wenn du »ja« meinst.

• Ich will darauf vertrauen, dass du gut für dich sorgen kannst. Alles andere würde mich verunsichern.

- Ich möchte darauf vertrauen, dass du mir ehrlich deine Meinung sagst, ohne mein Selbstwertgefühl zu verletzen.

- Ich will darauf vertrauen, dass du meinen Wert als Mensch nicht abhängig machst von meinen erbrachten oder nicht erbrachten Leistungen.

- Ich will darauf vertrauen, dass du im Lehrerzimmer nicht abfällig über mich oder meine Eltern sprichst.

- Ich will darauf vertrauen, dass du mit Schule nicht den »Ernst des Lebens« verbindest. Da mache ich nicht mit, denn wenn ich ganz ehrlich bin, glaube ich, dass das Leben gar nicht so ernst ist, wie alle behaupten.

- Ich will darauf vertrauen, dass du dir wirklich mal Gedanken darüber machst, ob ich zur Schule gehen muss. Glaub mir, wenn Schule ein Ort ist, den ich besuchen darf und an dem es um mich geht, komme ich gerne.

Quellen

Büntig, Wolf: *Aggression und Depression.* Audio CD. Mühlheim 2006.

Büntig, Wolf: *Das Geschenk des Lebens,* in: Mühleisen, Hans-Otto (Hg): *Das Mögliche verwirklichen. Perspektiven der Humanistischen Psychologie.* Freiburg im Breisgau 2013.

Gibran, Khalil: *Der Prophet.* München 2009.

Goleman, Daniel: *Soziale Intelligenz. Wer auf andere zugehen kann, hat mehr vom Leben.* München 2008.

Gruen, Arno: *Dem Leben entfremdet. Warum wir wieder lernen müssen zu empfinden.* Stuttgart 2013.

Gruen, Arno: *Der Fremde in uns.* München 2002.

Gruen, Arno: *Wider den Gehorsam.* Stuttgart 2014.

Hüther, Gerald; Hauser, Uli: *Jedes Kind ist hoch begabt. Die angeborenen Talente unserer Kinder und was wir aus ihnen machen.* München 2012.

Jäger, Willigis: *Die Welle ist das Meer. Mystische Spiritualität.* Freiburg im Breisgau 2000.

Jensen, Elisabeth; Jensen, Helle: *Dialog mit Eltern. Gelungene Lehrer-Elterngespräche.* München 2008.

Jensen, Helle: *Hellwach und ganz bei sich. Achtsamkeit und Empathie in der Schule.* Weinheim und Basel 2014.

Juul, Jesper: *Aggression. Warum sie für uns und unsere Kinder notwendig ist.* Frankfurt am Main 2013.

Juul, Jesper: *Dein kompetentes Kind. Auf dem Weg zu einer neuen Wertegrundlage für die ganze Familie.* Reinbek bei Hamburg 2009.

Juul, Jesper; Jensen, Helle: *Die 9. Intelligenz –
die Intelligenz des Herzens.* DVD. München 2010.

Juul, Jesper: *Familienberatung. Perspektiven und Prozess.*
München 2012.

Juul, Jesper: *Kinder, Familien, Schulen unter Druck.*
2 DVDs. München 2011.

Juul, Jesper: *Leitwolf sein. Elterliche Führung der Zukunft
und ihr geschichtlicher Hintergrund.* München 2014.

Juul, Jesper: *Pubertät. Wenn Erziehen nicht mehr geht.
Gelassen durch stürmische Zeiten.* München 2010.

Juul, Jesper; Jensen, Helle; Bertelsen, Jes: *Ruhe und Präsenz
in der Schule. Hilfe im Schulalltag für Fachleute und Eltern.*
DVD. München 2014.

Juul, Jesper: *Schulinfarkt. Was wir tun können, damit es
Kindern, Eltern und Lehrern besser geht.* München 2013.

Juul, Jesper; Jensen, Helle: *Vom Gehorsam zur Verantwortung.
Für eine neue Erziehungskultur.* Weinheim und Basel 2009.

Juul, Jesper; Hoeg, Peter; Bertelsen, Jes; Hildebrandt, Steen;
Jensen, Helle; Stubberup, Michael: *Miteinander. Wie Empathie
Kinder stark macht.* Weinheim und Basel 2012.

Kaltwasser, Vera: *Achtsamkeit in der Schule. Stille-Inseln
im Unterricht: Entspannung und Konzentration,*
Weinheim und Basel 2008.

Katie, Byron; Mitchell, Steven: *Lieben was ist. Wie vier
Fragen Ihr Leben verändern können.* Arkana München 2002.

Largo, Remo H.: Kinderjahre. *Die Individualität des Kindes
als erzieherische Herausforderung.* München 2008.

Largo, Remo H.: *Lernen geht anders. Bildung und Erziehung
vom Kind her denken.* München 2012.

Largo, Remo H.; Beglinger, Martin: *Schülerjahre.*
Wie Kinder besser lernen. München 2009.

Mendizza, Michael; Pearce, Joseph Chilton:
Neue Kinder, neue Eltern, Freiamt 2008.

Mourier, Martin: *Neue Führungskompetenz.* München 2012.

Renz-Polster, Herbert: *Die Kindheit ist unantastbar.*
Warum Eltern ihr Recht auf Erziehung zurückfordern müssen.
Weinheim und Basel 2014.

Riegel, Enja: *Schule kann gelingen! Wie unsere Kinder*
wirklich fürs Leben lernen. Frankfurt am Main 2005.

Rosenberg, Marshall B.: *Gewaltfreie Kommunikation. Eine*
Sprache des Lebens. Gestalten Sie Ihr Leben, Ihre Beziehungen
und Ihre Welt in Übereinstimmung mit Ihren Werten.
Paderborn 2004.

Siegel, J. Daniel; Hartzell, Mary: *Gemeinsam leben, gemeinsam*
wachsen. Wie wir uns selbst besser verstehen und unsere Kinder
einfühlsam ins Leben begleiten können. Freiamt 2004.

Schopp, Johannes: *Eltern stärken. Die dialogische Haltung*
in Seminar und Beratung. Ein Leitfaden für die Praxis.
Opladen und Farmington Hills 2010.

Wagenhofer, Erwin: *Alphabet. Angst oder Liebe?* DVD.
Aschaffenburg 2014.

Warhol, Andy: *Die Philosophie des Andy Warhol von*
A nach B und zurück. Frankfurt am Main 2006.

Internetquellen:

www.adz-netzwerk.de/files/docs/largo_individ_okt08.pdf
(abgerufen am 02.02.2014).

family/lab.de® – die familienwerkstatt

www.familylab.de
www.familylab.at
www.familylab.ch

familylab.de – die familienwerkstatt ist eine unabhängige Organisation, und die Adresse für Eltern, Lehrer, Mitarbeiter in Unternehmen, die eine solide Basis im Umgang miteinander finden wollen. Für Menschen, die gerne ihre eigenen Werte, im Dialog mit den Erfahrungen von Jesper Juul und familylab bezüglich Familienleben und Kindererziehung, entwickeln wollen.

In der *familienwerkstatt* sind wir Spezialisten darin, Vorträge und Seminare zu gestalten, in denen Eltern und professionelle Fachleute Anregungen und Ideen zu ihrer Arbeit finden können. Und um die bestmögliche Chemie innerhalb der Familie, zwischen Kindern und Erwachsenen, wie auch in Beziehungen innerhalb von Schulen und Betrieben, zu schaffen.

Zum einen haben wir den Wunsch, durch Vorträge, Seminare, Workshops, Symposien, Bücher, Artikel und Filme für Eltern und für Fachleute, die psychosoziale Gesundheit und das Wohlergehen der heutigen und zukünftigen Eltern und Kinder zu verbessern. Damit wollen wir die vielen unterschiedlichen Familien darin unterstützen, gesunde Beziehungen zu schaffen, ohne Gewalt und Missbrauch bei Kindern, Jugendlichen und Erwachsenen.

Zum anderen wollen wir durch öffentliche Bildung, Dialoge, Formulierung von Werten und dem Verbreiten von relevanten, wissenschaftlichen Erkenntnisse die Art und Weise beeinflussen, wie Männer und Frauen über ihre Familien denken und sie aufbauen. Ebenso wollen wir die Werte und das Verhalten in Kinderkrippen, Kindergärten und Schulen so beeinflussen, dass eine optimale Umgebung für ein gemeinsames, soziales, emotionales, kreatives und akademisches Lernen entsteht.

Unsere Vision sind Familien, Institutionen und Gesellschaften mit viel weniger Gewalt, Missbrauch, Sucht und Vernachlässigung. Wir wollen allen guten Willen, Liebe und Hingabe mobilisieren, innerhalb von Familien, Organisationen, wie auch in der Gesellschaft als Ganzem.

»Das Schlüsselwort heißt Beziehung. Ihre Qualität entscheidet über unser Wohlbefinden und unsere Entwicklung als Mensch. Kinder werden mit allen wesentlichen menschlichen Qualitäten geboren und haben daher auch dieselbe Verletzlichkeit und Überlebensfähigkeit wie Erwachsene. Eltern zu sein bedeutet, eine Rolle im Leben einzunehmen, die uns vor große Herausforderungen stellt. – Das sogenannte Problem oder Symptom ist nicht so wichtig. Wichtig ist die Person, die das Symptom trägt. Wir können das Problem nicht lösen, aber wir können Menschen darin unterstützen, destruktive Systeme, Perspektiven und Verhalten ins Konstruktive zu wandeln.« Jesper Juul